C000143001

Steuern Sie Ihre Karriere!

Starten Sie mit unserem Programm

Bachelor of Science

Betriebswirtschaft / Steuern und Wirtschaftsprüfung

In sieben Semestern erhalten Sie eine fundierte wirtschaftswissenschaftliche Ausbildung und eine breite, praxisnahe Vertiefung in den Bereichen Steuerberatung und Wirtschaftsprüfung.

Nach einem grundständigen Studium (Diplom, Bachelor oder erstes juristisches Staatsexamen) und mindestens sechs Monaten Berufspraxis in der Wirtschaftsprüfung, für das Sie sich bei den Wirtschaftsprüfungsgesellschaften des Pforzheimer FORUMS bewerben können, wählen Sie unser fünfsemestriges Master-Programm

Master of Arts

Auditing and Taxation

Das Programm ist akkreditiert und anerkannt gemäß § 8a WPO (Beginn zum Sommersemester). Nach Abschluss des Studiums können Sie direkt das Wirtschaftsprüfungs-Examen ablegen.

Ohne vorherige Praxis oder nach Ihrem Steuerberater-Examen können Sie den dreisemestrigen Studiengang

Master of Arts

Auditing, Business and Law

studieren (Studienbeginn zum Winter- und Sommersemester). Das Programm ist derzeit nach § 13b WPO anerkannt. Beide Masterstudiengänge können mit Praxistätigkeiten bei Wirtschaftsprüfungsgesellschaften des Pforzheimer FORUMS kombiniert werden.

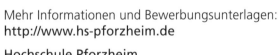

Mehr Informationen und Bewerbungsunterlagen:
http://www.hs-pforzheim.de

Hochschule Pforzheim
Tiefenbronner Str. 65, 75175 Pforzheim
Fon 07231-28-6076 // Fax 07231-28-6080
oder wenden Sie sich an
Prof. Dr. Thomas Stobbe
thomas.stobbe@hs-pforzheim.de

Thomas Stobbe

Steuern *kompakt*
Klausuren

2., überarbeitete und erweiterte Auflage

Verlag Wissenschaft & Praxis

Bibliografische Information der Deutschen Nationalbibliothek

Die Deutsche Nationalbibliothek verzeichnet diese Publikation in der Deutschen Nationalbibliografie; detaillierte bibliografische Daten sind im Internet über http://dnb.dnb.de abrufbar.

Hinweis: Das vorliegende Buch ergänzt das Lehrbuch „Steuern kompakt". Es ersetzt keine persönliche Steuerberatung. Hierzu wenden Sie sich bitte an Ihren Steuerberater! Eine Haftung ist aufgrund eines fehlenden Beratungsvertrages ausgeschlossen. Aufgrund der kompakten Darstellung und der Aktualität des Werkes konnten nicht alle steuerlichen Voraussetzungen und Folgen genannt werden.

Mögliche Ansprüche aus einer eventuell vorliegenden Sachmängelhaftung oder anderen Haftungstatbeständen sind auf die Höhe des Kaufpreises des Buches beschränkt. Für sachdienliche Verbesserungsvorschläge sind wir empfänglich.

www.steuernkompakt.de

ISBN 978-3-89673-681-9

© Verlag Wissenschaft & Praxis
Dr. Brauner GmbH 2014
D-75447 Sternenfels, Nussbaumweg 6
Tel. +49 7045 93 00 93 Fax +49 7045 93 00 94
verlagwp@t-online.de www.verlagwp.de

Druck und Bindung: Media-Print Informationstechnologie GmbH, Paderborn

Vorwort

„Steuern kompakt" ist Programm! So war die Idee zur ersten Auflage des Lehrbuchs, das inzwischen in der 13. Auflage erschienen ist. Neben der Grundlagenvermittlung im Lehrbuch wird dem Leser die zweite Auflage des wesentlich erweiterten Übungsbuches angeboten. In langjähriger Lehrerfahrung hat der Autor festgestellt, dass Studierende sich zahlreiche Übungen und Klausuren wünschen, um ihr erlerntes Wissen umsetzen und überprüfen zu können. Diesem Anliegen stellt sich das vorliegende Klausurenbuch. Die Erfahrungen aus über 12 Jahren Klausuren und Korrekturen an der Hochschule Pforzheim sind in diesem Buch umgesetzt.

Die vorliegenden Klausuren stammen zu etwa der Hälfte aus Grundlagenvorlesungen zur Unternehmensbesteuerung, der Rest ist anspruchsvoller und dient der Vermittlung von schwierigeren Fragestellungen im Schwerpunktfach Steuern, in Master-Vorlesungen oder zur grundlegenden Vorbereitung auf das Steuerberater- oder Wirtschaftsprüfungsexamen im Fach Steuerrecht. Die Lösungshinweise bzw. -skizzen sind bewusst kompakt gehalten und verweisen insbesondere auf die Gesetzesvorschriften, die vom Leser parallel mit dem Lehrbuch durchgearbeitet werden sollten. Die Lösungen basieren auf dem Rechtsstand 1.1.2014.

Bei dem Klausurenband haben mich Frau StB Prof. Dr. Sabine Aßmann und StB Prof. Markus Mink von der Hochschule Pforzheim mit der Stellung von Klausuren unterstützt. Herr Dipl. Fw. (FH) Helmut Schötz von EXAMINA e. V., München, hat mir eine Klausur zur Umsatzsteuer zur Verfügung gestellt. Für die zweite Auflage haben mir folgende Kolleg(inn)en freundlicherweise Aufgaben zur Verfügung gestellt, die teilweise modifiziert wurden:

WP/StB Prof. Dr. Georg Arians, Hochschule Anhalt (Bernburg)

Prof. Dr. Klaus Brockmeyer, Technische Universität Cottbus

Prof. Dr. Ingrid Huber-Jahn, Hochschule München

WP/StB Prof. Dr. Rainer Jurowsky, Fachhochschule Düsseldorf

StB Prof. Dr. Eva Loosen, Fachhochschule Köln

Ihnen und meinen zahlreichen Studierenden, Absolventen und Kollegen der Hochschule Pforzheim und anderer Hochschulen, die mich auf einige Unzulänglichkeiten des Lehrbuchs und der früheren Klausuren in den bisherigen dreizehn Auflagen aufmerksam gemacht haben, sei herzlich gedankt.

Für kritische Anmerkungen zum neuen Klausurenbuch bin ich jederzeit aufgeschlossen, damit ich mögliche Fehler in einer weiteren Auflage korrigieren kann. Gern bin ich bereit, auch zukünftig weitere Klausuren von Kolleg-(inn)en anderer Hochschulen in einer Folgeauflage aufzunehmen.

An dieser Stelle sei Herrn Dr. Brauner gedankt, der mich als Verleger bei dem Markterfolg des Grundlagenwerks „Steuern kompakt" in den letzten zwölf Jahren unterstützt und die Entstehung dieses neuen Klausurenbandes ermöglicht hat. Meiner Mitarbeiterin Frau B. Sc. Nathalie Steeger danke ich vor allem für die Unterstützung bei der Aktualisierung der bisherigen Aufgaben und bei der Einarbeitung der Klausuren in die zweite Auflage dieses Buches sowie meiner Absolventin Frau WP/StB Brigitte Mayer, M. A. für die kritische Durchsicht des Manuskripts ganz herzlich.

Pforzheim/München, den 1. September 2014   Prof. Dr. Thomas Stobbe
                                                  Steuerberater

Ps.: Sollten Sie Unzulänglichkeiten oder Fehler feststellen, bin ich für Hinweise unter meiner E-Mail-Anschrift selbstverständlich empfänglich und dankbar:

thomas.stobbe@hs-pforzheim.de

Inhalt

Abkürzungsverzeichnis

Abs.	Absatz
AE	Anwendungserlass
a. F.	alte Fassung
AfA	Absetzung für Abnutzung
AG	Aktiengesellschaft
AK	Anschaffungskosten
AN	Arbeitnehmer
Anm.	Anmerkung
AN	Arbeitnehmer
AO	Abgabenordnung
Art.	Artikel
Aufl.	Auflage
BA	Betriebsausgabe
BE	Betriebseinnahme
BewG	Bewertungsgesetz
BFH	Bundesfinanzhof
BFH/NV	Sammlung amtlich nicht veröffentlichter Entscheidungen des Bundesfinanzhofs (Zeitschrift)
BGB	Bürgerliches Gesetzbuch
BilMoG	Bilanzrechtsmodernisierungsgesetz
BMF	Bundesminister der Finanzen
BMG	Bemessungsgrundlage
BGB	Bürgerliches Gesetzbuch
BStBl.	Bundessteuerblatt
Buchst.	Buchstabe
BV	Betriebsvermögen
bzw.	beziehungsweise
ca.	circa
d. h.	das heißt
d. J.	dieses Jahres
DV	Durchführungsverordnung
EBITDA	Earnings Before Interests, Taxes, Depreciation and Amortization
EDV	Elektronische Datenverarbeitung

EK	Eigenkapital
EM	Europameisterschaft
ErbSt	Erbschaftsteuer
ErbStG	Erbschaftsteuer- und Schenkungsteuergesetz
ErbStR	Erbschaftsteuer-Richtlinien
ESt	Einkommensteuer
EStÄR	Einkommensteuer-Änderungs-Richtlinien
estl.	einkommensteuerlich
EStB	Ertragsteuer-Berater
EStDV	Einkommensteuer-Durchführungsverordnung
EStG	Einkommensteuergesetz
EStH	Einkommensteuer-Hinweis
EStR	Einkommensteuer-Richtlinien
EU	Einzelunternehmer
EuGH	Europäischer Gerichtshof
evtl.	eventuell
EWR	Europäischer Wirtschaftsraum
etc.	et cetera
f.	folgende
FB	Freibetrag
ff.	fortfolgende
FGO	Finanzgerichtsordnung
FK	Fremdkapital
geb.	geboren
gem.	gemäß
GewSt	Gewerbesteuer
GewStG	Gewerbesteuergesetz
GewStR	Gewerbesteuer-Richtlinien
GF	Geschäftsführer
ggf.	gegebenenfalls
GmbH	Gesellschaft mit beschränkter Haftung
GmbHG	GmbH-Gesetz
GrESt	Grunderwerbsteuer
GrEStG	Grunderwerbsteuergesetz
GuB	Grund und Boden
GWG	geringwertige Wirtschaftsgüter

H	Hebesatz bzw. Hinweis
HGB	Handelsgesetzbuch
IdNr.	Identifikationsnummer
i. H. v.	in Höhe von
i. S. d.	im Sinne des (der)
i. S. v.	im Sinne von
i. V. m.	in Verbindung mit
JStG	Jahressteuergesetz
KapESt, KapErtrSt	Kapitalertragsteuer
KfZ	Kraftfahrzeug
KG	Kommanditgesellschaft
km	Kilometer
KSt	Körperschaftsteuer
kstl.	körperschaftsteuerlich(e)
KStG	Körperschaftsteuergesetz
KStR	Körperschaftsteuer-Richtlinien
Ltd.	Limited
LKW	Lastkraftwagen
LStR	Lohnsteuer-Richtlinien
lt.	laut
Ltd.	Limited
max.	maximal
Mio.	Million
m.w.H.	mit weiteren Hinweisen
ND	Nutzungsdauer
NK	Nebenkosten
Nr.	Nummer
o. Ä.	oder Ähnliches
OHG	offene Handelsgesellschaft
p. a.	pro anno (je Jahr)
PB	Pauschbetrag
PC	Personal Computer
Pkw	Personenkraftwagen
qm	Quadratmeter
R	Richtlinie
RAP	Rechnungsabgrenzungsposten

Rn.	Randnummer
Rst.	Rückstellung
s.	siehe
S.	Satz, Seite
SBA	Sonderbetriebsausgaben
SBE	Sonderbetriebseinnahmen
SBV	Sonderbetriebsvermögen
sog.	sogenannt(e)
SolZ	Solidaritätszuschlag
stl.	steuerlich(e)
t	Tonne(n)
TW	Teilwert
Tz.	Textziffer
u.a.	unter anderem
USt	Umsatzsteuer
UStG	Umsatzsteuergesetz
UStR	Umsatzsteuer-Richtlinien
u. U.	unter Umständen
v.	vom
vGA	verdeckte Gewinnausschüttung
VSt	Vorsteuer
VuV	Vermietung und Verpachtung
WJ	Wirtschaftsjahr
WK	Werbungskosten
WM	Weltmeisterschaft
z. B.	zum Beispiel
ZV	Zusammenveranlagung
z. v. E.	zu versteuerndes Einkommen

Literaturhinweis

Bezüglich der Literatur wird auf die umfangreichen Literaturhinweise im Literaturverzeichnis im Buch „Steuern *kompakt*" (derzeit 13. Auflage, 2014) verwiesen. Um Wiederholungen zu vermeiden, wird auf ein eigenständiges Literaturverzeichnis verzichtet. In einzelnen Aufgaben wird ergänzend auf zusätzliche Literatur verwiesen.

1 Umsatzsteuer und Verfahrensrecht

Bearbeitungszeit: 30 Minuten

Schwierigkeitsniveau: leicht (Basisstudium Bachelor, Jura)

Stichworte/Inhalte

Umsatzsteuer

Unternehmereigenschaft, Kleinunternehmer, Steuerbarkeit von sonstigen Leistungen (Ort), Ort von Lieferungen bei Versendungen an Nichtunternehmer, Steuerbefreiungen (Zahnarzt, innergemeinschaftliche Lieferungen, Ausfuhrlieferungen) Steuersatz, Abziehbarkeit von Vorsteuer.

Verfahrensrecht

Zuständigkeit der Finanzämter, Abgabe Umsatzsteuererklärungen, Umsatzsteuer-Voranmeldungen.

Sachverhalt

Erwin Feuchthuber, wohnhaft in Karlsruhe, unterhält nebenberuflich in Stuttgart einen Computer-Handel mit einer EDV-Beratung. Erwin hat im vergangenen Jahr Umsätze in Höhe von 25.000 € gehabt. Er hat im vergangenen Jahr nicht nach § 19 Abs. 2 UStG (Kleinunternehmer) optiert. Beurteilen Sie die folgenden Fragen für das laufende Jahr!

Fragen

a) Ist Erwin Feuchthuber im laufenden Kalenderjahr Unternehmer? Ist er verpflichtet oder berechtigt (ggf. nach Option) bei steuerpflichtigen Umsätzen Umsatzsteuer zu erheben?

b) Erwin Feuchthuber berät hinsichtlich der Software einen Zahnarzt in Pforzheim für 500 € (netto). Ist der Vorgang steuerbar, steuerpflichtig oder steuerfrei? Begründen Sie Ihre Antwort! Können beim Zahnarzt durch den Vorgang aus ökonomischer Sicht aufgrund des Umsatzsteuersystems Kosten entstehen?

c) Ein schweizerischer Staatsbürger (Privatperson aus Zürich) kauft bei Erwin Feuchthuber in Stuttgart EDV-Hardware und holt diese selbst in Stuttgart ab. Ist dieser Vorgang in Deutschland steuerbar und steuerpflichtig?

d) Erwin Feuchthuber versendet an einen französischen Kunden (Privatperson) für 4.000 € netto Hardware nach Straßburg. Neben diesem Umsatz tätigt er keine weiteren Umsätze mit Frankreich. Wo ist der Vorgang steuerbar und steuerpflichtig?

e) Kann Erwin Feuchthuber im Fall d) optieren? Welche Voraussetzungen sind an eine derartige Option geknüpft? Welche Konsequenzen hat eine derartige Option? Ist eine derartige Option sinnvoll?

f) Welches Finanzamt ist für die Umsatzsteuererklärung von Erwin Feuchthuber zuständig?

g) Zu welchem Termin muss Erwin Feuchthuber seine Umsatzsteuererklärung für das laufende Kalenderjahr abgeben?

h) Zu welchen Terminen muss Erwin Feuchthuber im folgenden Kalenderjahr seine USt-Voranmeldungen abgeben, wenn sich für das laufende Jahr eine Umsatzsteuerschuld von 500 € (80.000 €) ergeben hat?

Lösungshinweise zu Aufgabe 1

a)

Prüfung der Unternehmereigenschaft

Feuchthuber ist auch mit seiner nebenberuflichen Tätigkeit nachhaltig und selbstständig als Computer-Händler bzw. EDV-Berater und somit auch als Unternehmer (§ 2 Abs. 1 UStG) tätig.

Kein Kleinunternehmer

Er ist im laufenden Kalenderjahr auch kein Kleinunternehmer nach § 19 Abs. 1 UStG, da er die Umsatzgrenze von 17.500 € im vorangegangenen Kalenderjahr (25.000 €) überschritten hat.

Abführung Umsatzsteuer

Er ist somit verpflichtet, im laufenden Kalenderjahr USt zu erheben und abzuführen.

b)

Sonstige Leistung

Die Beratungsleistung (Software) ist eine erbrachte sonstige Leistung (§ 3 Abs. 9 UStG).

Steuerbarkeit (Inland)

Die sonstige Leistung wird im Inland erbracht (Ort nach § 3a Abs. 2 UStG: Pforzheim) und ist steuerbar.

Keine Steuerbefreiung

Die sonstige Leistung ist nicht steuerbefreit. Dass die vom Empfänger erbrachten Leistungen steuerbefreit (§ 4 Nr. 14 UStG) sind, ändert an der Steuerpflicht der EDV-Beratungsleistungen von Feuchthuber nichts.

Höhe der Umsatzsteuer

Die Umsatzsteuer beträgt 95 € (19 % von 500 €).

Keine Vorsteuerabzugsberechtigung – Kostenbestandteil

Die Umsatzsteuer ist beim Empfänger ein Kostenbestandteil, da ein Zahnarzt (§ 4 Nr. 14 UStG) nach § 15 Abs. 2 Nr. 1 UStG aufgrund der steuerfreien Umsätze nicht vorsteuerabzugsberechtigt ist.

c)

Steuerbarkeit

Lieferung (wegen Hardware: Lieferung und keine sonstige Leistung im Sinne des § 3 Abs. 9 UStG) durch einen Unternehmer.

Ort im Inland wegen bewegter Lieferung (§ 3 Abs. 6 UStG; auch Beförderung durch den Abnehmer).

Ort: Beginn der Beförderung: Stuttgart

→ Steuerbare Lieferung

Steuerbefreiung

Bei Beförderung durch Abnehmer ins Drittland nach Zürich (§ 6 Abs. 1 Nr. 2 UStG [erfüllt]) liegt eine Ausfuhrlieferung vor.

→ Steuerfrei nach § 4 Nr. 1a UStG

d)

Steuerbarkeit

Lieferung an Privatpersonen im Sinne des § 3c UStG

Versendung an Privatperson ins Gemeinschaftsgebiet sind gegeben, aber die Lieferschwelle nach Abs. 3 (100.000 €) wird nicht überschritten.

→ § 3c Abs. 1 UStG greift nicht

→ Anwendung des § 3 Abs. 6 UStG:
 Ort: Beginn der Versendung von Deutschland aus

→ Steuerbar

Keine Steuerbefreiung und Steuerpflicht

Prüfung der innergemeinschaftlichen Lieferung nach § 4 Nr. 1b i. V. m.

§ 6a UStG: aber keine Lieferung an Unternehmer ins Gemeinschaftsgebiet

→ keine Steuerbefreiung

→ Steuerpflicht

Höhe der Umsatzsteuer

Deutsche USt: 19 % x 4.000 € = 760 €

e)

Option bei Versendung an Nichtunternehmer

Eine Option zur französischen Steuerpflicht wäre im Fall d) nach § 3c Abs. 4 UStG zulässig.

Folge der Option

Die Erklärung, die gegenüber dem Finanzamt abzugeben wäre, würde Feuchthuber zwei Kalenderjahre für alle Versendungsumsätze i. S. d. § 3c UStG, die mit Frankreich getätigt werden, binden.

Dies würde zur Steuerpflicht in Frankreich mit dem französischen USt-Satz führen.

Eine Option ist nach derzeitigem Rechtsstand nicht zweckmäßig, da in Frankreich für normale Güter, die dem allgemeinen Steuersatz unterliegen, ein höherer Steuersatz gilt.

f)

Verfahrensrecht

Zuständiges Finanzamt: Bezirksfinanzamt nach § 21 AO: Stuttgart.

g)

Frist zur Abgabe der Steuererklärung

31. 5. im Folgejahr (§ 149 Abs. 2 AO);

Form der Steuererklärung

Steuererklärung mit Selbstberechnung (nach § 18 Abs. 3 UStG).

h)

Umsatzvoranmeldungen – Befreiung

Bei einer Umsatzsteuerschuld von 500 € kann Feuchthuber nach § 18 Abs. 2 Satz 3 UStG auf Antrag von der Abgabe der Umsatzsteuer-Voranmeldungen im Folgejahr befreit werden.

§ 18 Abs. 2 Satz 4 UStG greift nicht, da das Unternehmen im Folgejahr schon mindestens im 3. Jahr existiert.

Monatliche Abgabe der Umsatzsteuer-Voranmeldungen

Bei einer Umsatzsteuerschuld von 80.000 € ist der Voranmeldungszeitraum im Folgejahr der Kalendermonat (Abgabe jeweils am 10. des Folgemonats; § 18 Abs. 2 Satz 2 i. V. m. Abs. 1 UStG).

2   Umsatzsteuer

Bearbeitungszeit: 30 Minuten

Schwierigkeitsniveau: leicht (Basisstudium Bachelor, Jura)

Stichworte/Inhalte

Umsatzsteuer

Unternehmereigenschaft, Sonstige Leistungen, Unternehmenseinheit, Leistungsaustausch, Innenumsatz, Schadenersatz, Software, Ort der sonstigen Leistung, Lieferungen, Versendungen an Unternehmer und Nichtunternehmer, Entnahmen.

Sachverhalt

Gerald Seiler, der in Pforzheim wohnt, ist Wirtschaftsinformatiker. Er besitzt ein Einzelunternehmen mit 15 Mitarbeitern in Karlsruhe (SeilerData), mit welchem er Standard-Software (Betriebssystem BASTA 11) entwickelt und überwiegend an Firmen verkauft.

Außerdem berät die SeilerData Kunden beim Kauf und nimmt bei Bedarf die Programmierung der Software vor. Daneben werden in einem Geschäft in Karlsruhe Laptops an Privatkunden verkauft und auf Anfrage auch versendet.

Gleichzeitig betreibt Gerald Seiler in Heidelberg ein Schulungszentrum mit 2 Mitarbeitern. Dort werden gegen Entgelt Kunden bzw. deren Mitarbeiter in die Software-Anwendung eingewiesen sowie über neuere technische Entwicklungen und Verfahren informiert. Das Schulungszentrum wird durch Gerald Seiler überwiegend von Karlsruhe aus verwaltet.

Für die beiden Betriebe haben sich in den beiden vergangenen Jahren jeweils insgesamt 600.000 € an steuerpflichtigen Nettoumsätzen ergeben. Entsprechende Umsätze werden sich voraussichtlich für das laufende Jahr 2014 ergeben.

Anmerkungen

Es gilt die aktuelle Rechtslage. Sollte es auf Liefer- oder Erwerbsschwellen ankommen, so können Sie fiktiv die für Deutschland geltenden Regelungen anwenden. Optiert wird nur, soweit dies für Seiler vorteilhaft ist!

Fragen

a) Ist Gerald Seiler zur Erhebung der Umsatzsteuer verpflichtet?

b) Beurteilen Sie für Gerald Seiler aus umsatzsteuerlicher Sicht folgende Sachverhalte des Kalenderjahres 2014 (ohne erneute Prüfung der Merkmale aus Aufgabenteil a):

   b1) Die SeilerData in Karlsruhe hat dem Schulungszentrum in Heidelberg Software zu Schulungszwecken mit einem Nettowarenwert von 10.200 € zur Verfügung gestellt.

   b2) Der Kunde Dusselig hat im Geschäft von SeilerData einen Laptop des Geschäftes fallen lassen und somit zerstört. Nach Einschaltung der Rechtsanwälte überweist Dusselig als Schadenersatz den Betrag von 1.190 € an SeilerData.

   b3) Die SeilerData lieferte an einen Großkunden in Avignon (F) Standard-Software für 108.600 € netto. Der Kunde hat unter seiner französischen USt-IdNr. bestellt.

   b4) Eine Privatperson aus Lyon (F) hat bei SeilerData einen Laptop zum Verkaufspreis (einschl. deutscher oder französischer USt) von 1.785 € bestellt. Der Laptop wird an den Kunden von Karlsruhe aus nach Frankreich versendet. Versandumsätze nach Frankreich gab es im vergangenen Jahr nicht. In diesem Jahr wird die Umsatzgrenze mit französischen Privatpersonen voraussichtlich 30.000 € unterschreiten.

   b5) Der Großkunde aus Frankreich mit französischer USt-IdNr. entsandte seine EDV-Mitarbeiter in das Schulungszentrum nach Heidelberg, um sich über neue technische Verfahren bei der Herstellung von Hardware-Produkten zu informieren. Als Entgelt für die Überlassung dieser Informationen wurden 12.000 € vereinbart. Seiler hat diese Leistungen nicht der Umsatzsteuer unterworfen.

   b6) Eine Privatperson aus Wien lädt sich eine Standard-Software der SeilerData aus dem Internet herunter (Download). Er bezahlt dafür die vereinbarten 500 € netto. Umsatzsteuer wurde nicht berechnet.

   b7) Seiler hat einen Laptop aus seinem Betrieb in Karlsruhe, den er im Jahr zuvor von einem Händler erworben hatte, seiner Tochter geschenkt. Der (Netto-)Einkaufs- und Zeitwert des Laptops betrug zum Zeitpunkt der Schenkung 1.200 €.

Lösungshinweise zu Aufgabe 2

a) Unternehmereigenschaft

Gerald Seiler ist mit beiden Betrieben zur Erzielung von Einnahmen nachhaltig und selbstständig tätig und daher Unternehmer i. S. d. § 2 Abs. 1 UStG (alle folgenden §§-Angaben beziehen sich in dieser Aufgabe auf das UStG, soweit keine andere Angabe erfolgt). Es liegt keine Kleinunternehmereigenschaft bei Seiler vor (§ 19 UStG).

b) Steuerbarkeit

Das Unternehmen erbringt steuerbare Leistungen nach § 1 Abs. 1 Nr. 1.

Beim Verkauf von Standard-Software handelt es sich um Lieferungen (§§ 1 Abs. 1 Nr. 1, 3 Abs. 1). Bei der Beratung, Programmierung und der Schulung handelt es sich um sonstige Leistungen (§§ 1 Abs. 1 Nr. 1, 3 Abs. 9).

b1) Nichtsteuerbarer Innenumsatz bei Unternehmenseinheit

Es liegt kein Leistungsaustausch vor, da bei SeilerData hinsichtlich Programmierung, Schulungszentrum und sonstigen Leistungen eine Unternehmenseinheit (§ 2 Abs. 1 Satz 2) und somit ein nichtsteuerbarer Innenumsatz vorliegt.

b2) Kein Leistungsaustausch bei Schadenersatz

Es liegt ein sog. echter Schadenersatz vor; die Zahlung ist kein Entgelt für eine Leistung und deswegen nicht steuerbar.

b3) Steuerbarkeit

Steuerbare Lieferung nach §§ 1 Abs. 1 Nr. 1, 3 Abs. 1;

Ort der Lieferung ist Karlsruhe nach § 3 Abs. 5a, Abs. 6.

Steuerbefreiung

Die Lieferung ist allerdings als innergemeinschaftliche Lieferung steuerfrei nach §§ 4 Nr. 1b, 6a.

b4) Steuerbarkeit bei Lieferungen (Versendung) an Nichtunternehmer

§ 3c ist wegen Unterschreitung der Lieferschwelle (Abs. 3) nicht anwendbar;

Option (§ 3c Abs. 4) nicht sinnvoll, da in Frankreich ein höherer Steuersatz gilt.

Steuerbare Lieferung nach § 3 Abs. 5a, Abs. 6, in Karlsruhe;

Keine Steuerbefreiung und Steuerpflicht
Die Lieferung ist mangels Steuerbefreiung auch steuerpflichtig.

Höhe der Umsatzsteuer
Bemessungsgrundlage (Nettoentgelt): 1.500 €;

Umsatzsteuer: 1.500 € x 19 % = 285 €

b5) Ort der sonstigen Leistung

Es handelt sich um eine sonstige Leistung nach §§ 1 Abs. 1 Nr. 1, 3 Abs. 9. Der Ort dieser sonstigen Leistung (kein Unterricht) richtet sich nach § 3a Abs. 2.

Maßgeblich ist, da der Kunde Unternehmer ist, der Sitz des Empfängers der sonstigen Leistung.

Ort der sonstigen Leistung ist damit Avignon (F).

Keine Steuerbarkeit
Die Leistung wird deswegen nicht der Umsatzsteuer unterworfen (nicht steuerbar).

b6) Sonstige Leistung

Online-Umsatz gilt als sonstige Leistung i. S. v. §§ 1 Abs. 1 Nr. 1, 3 Abs. 9.

Kein Downloading von Drittlands-Unternehmer – Ort
§ 3a Abs. 5 (zwar Abs. 4 Nr. 13, aber kein Fall des Abs. 5 – Seiler ist kein Unternehmer im Drittland) ist nicht anwendbar.

Der Ort der sonstigen Leistung richtet sich nach § 3a Abs. 1 (Grundfall). Damit ist Ort der sonstigen Leistung der Sitzort und damit Karlsruhe, also im Inland. § 3a Abs. 4 ist nicht anwendbar, da die empfangende Zielperson nicht im Drittland wohnt.

Steuerpflicht

Die sonstige Leistung ist damit in Deutschland steuerbar und mangels Steuerbefreiung auch steuerpflichtig.

Höhe der Umsatzsteuer

Umsatzsteuer: 500 € x 19 % = 95 €

b7) Entnahme

Die Schenkung an die Tochter erfolgte aus privaten Zwecken und gilt daher als Entnahme (§ 1 Abs. 1 Nr. 1 i. V. m. § 3 Abs. 1b).

Da der Laptop mit Vorsteuerabzug erworben wurde, ist die Entnahme steuerbar. Mangels Steuerbefreiung ist die Entnahme auch steuerpflichtig (Ort § 3f).

Höhe der Umsatzsteuer

Bemessungsgrundlage ist gem. § 10 Abs. 4 Nr. 1 der Einkaufspreis zum Zeitpunkt der Schenkung (Wiederbeschaffungswert).

Damit sind 1.200 € als steuerpflichtiger (Netto-)Entnahmewert anzusetzen.

Umsatzsteuer: 1.200 € x 19 % = 228 €

3 Umsatzsteuer

Bearbeitungszeit: 30 Minuten

Schwierigkeitsniveau: leicht bis mittel (Basisstudium Bachelor, Jura)

Stichworte/Inhalte

Umsatzsteuer

Unternehmereigenschaft, Kleinunternehmer, Option für Kleinunternehmer, Sonstige Leistungen, Ort, Vermietung, Option bei Vermietungen, Downloading, Internet-Leistungen, Lieferungen, Versendungen an Nichtunternehmer, Steuersatz, Vorsteuerabzug.

Sachverhalt

a) Rudolf Spaßvogel mit Wohn- und Geschäftssitz in Pforzheim will ab dem 1.1.2014 Bücher verlegen.

Er erwartet im Jahr 2014 einen Bruttoumsatz von 214.000 € im Inland sowie einen Auslandsumsatz von 40.000 € netto aus dem Versandhandel mit Privatkunden in Österreich. Die Vorleistungen von Dritten betragen im Jahr 2014 für Materialien 119.000 € (einschl. 19 % Umsatzsteuer) sowie für Urheberrechtsleistungen 53.500 € (einschl. ausgewiesener Umsatzsteuer).

Die Nettomiete für das betrieblich genutzte Gebäude betrug ab dem 1.12.2013 monatlich 2.000 €. Soweit es zulässig ist, hat der Vermieter für das Gebäude zur Umsatzsteuer-Pflicht optiert und die Umsatzsteuer zusätzlich in Rechnung gestellt. Im 4. Quartal 2013 hatte Rudolf Spaßvogel Investitionen (Druckmaschinen, Kopierer und Computer) im Gesamtumfang von 297.500 € (brutto; Inlandsbezug mit deutscher ausgewiesener Umsatzsteuer) getätigt und bezahlt.

Es soll davon ausgegangen werden, dass in Österreich ein ermäßigter Umsatzsteuer-Satz von 10 %, ein normaler Umsatzsteuer-Satz von 20 % sowie die gleichen Lieferschwellen wie in Deutschland gelten.

Erläutern Sie, welche umsatzsteuerlichen Folgen sich für die Jahre 2013 und 2014 ergeben!

Stellen Sie kurz dar (mit Angabe der §§), ob Rudolf Spaßvogel durch bestimmte Anträge für 2013 oder 2014 Steuern sparen kann! Ermitteln Sie ggf. die Umsatzsteuerzahlungen für die Jahre 2013 und 2014!

b) Die Studentin Natalie Rendl (Privatperson mit Wohnsitz in Karlsruhe) hat von der Musikentertainment Ltd. mit Sitz in Belize (Mittelamerika; kein Kleinunternehmer) im Januar 2014 den neuen Song von SHAKIRA für 2 € (Verkaufspreis) aus dem Internet geladen.

Erläutern Sie, ob dieser Vorgang in Deutschland steuerbar und steuerpflichtig ist! Wo ist der umsatzsteuerliche Ort dieses Vorgangs (genaue Angabe der Vorschriften)?

In welchem Land wird ggf. Umsatzsteuer fällig? Wer hat diese Umsatzsteuer abzuführen (die Höhe der Umsatzsteuer ist nicht zu ermitteln)?

c) Der Sachverhalt der Aufgabe b) wird dahin gehend verändert, dass die Musikentertainment Ltd. ihren Sitz in Dublin (Irland) – also nicht in Belize – hat.

Erläutern Sie, wo dieser Vorgang steuerbar und steuerpflichtig ist! Wo ist der umsatzsteuerliche Ort dieses Vorgangs (genaue Angabe der Vorschriften)?

Wer hat ggf. welche Umsatzsteuer (keine Angabe der Höhe der Steuer) abzuführen?

Gehen Sie aus Vereinfachungsgründen davon aus, dass in Irland die gleichen (analogen) Vorschriften wie in Deutschland gelten!

Lösungshinweise zu Aufgabe 3

a)

Folgen in den Jahren 2013 und 2014:

Unternehmereigenschaft

Rudolf Spaßvogel ist Unternehmer nach § 2 UStG (Selbstständigkeit, Nachhaltigkeit, Einnahmeerzielungsabsicht). Soweit Rudolf Spaßvogel steuerbare und steuerpflichtige Umsätze nach §§ 1ff. UStG ausführt, ist er daher grundsätzlich zur Abführung von Umsatzsteuer verpflichtet.

Kleinunternehmer im Jahr 2013

Aber § 19 Abs. 1 UStG: Da die Bruttoumsätze im Jahr 2013 50.000 € und im Vorjahr (2012) 17.500 € nicht überstiegen haben, ist Rudolf Spaßvogel 2013 Kleinunternehmer, d. h. die Umsatzsteuer auf steuerbare und steuerpflichtige Umsätze wird nicht erhoben, daher ist 2013 auch kein Vorsteuerabzug möglich (§ 19 Abs. 1 Satz 4 UStG).

Option des Kleinunternehmers für 2013

Rudolf Spaßvogel kann jedoch auf die Anwendung der Kleinunternehmer-Regelung des § 19 UStG verzichten und ist dann 5 Kalenderjahre lang daran gebunden (§ 19 Abs. 2 UStG).

Kein Kleinunternehmer im Jahr 2014

2014 ist Rudolf Spaßvogel kein Kleinunternehmer mehr, da die Umsatzgrenzen des § 19 Abs. 1 UStG überschritten sind. D. h. Rudolf Spaßvogel ist bei steuerbaren und steuerpflichtigen Umsätzen im Jahr 2014 zur Abführung von USt verpflichtet und kann unter den erforderlichen Voraussetzungen den Vorsteuerabzug nach § 15 UStG geltend machen.

Konkrete Umsatzsteuer-Folgen:

→ **Jahr 2013 und Rudolf Spaßvogel nimmt Kleinunternehmer-Regelung in Anspruch**

Miete:

Die Vermietungsleistung ist eine steuerbare, aber steuerbefreite sonstige Leistung (§ 1 Abs. 1 Nr. 1, § 3 Abs. 9, § 3a Abs. 3 Nr. 1 [Belegenheitsprinzip, d. h. Ort der Vermietungsleistung = Pforzheim], § 4 Nr. 12 UStG).

Der Vermieter kann nach § 9 Abs. 1 UStG zur Steuerpflicht optieren, da die Vermietungsleistung an Rudolf Spaßvogel als Unternehmer für dessen Unternehmen ausgeführt wird.

Aber: § 9 Abs. 2 UStG: Wenn Rudolf Spaßvogel die Kleinunternehmer-Regelung in Anspruch nimmt, ist er vom Vorsteuerabzug ausgeschlossen (vgl. oben).

Daher ist wegen § 9 Abs. 2 UStG eine Option des Vermieters zur Umsatzsteuerpflicht nur möglich, wenn Rudolf Spaßvogel auf die Anwendung der Kleinunternehmer-Regelung verzichtet.

	€	
Umsatzsteuer:	0	⎫
Vorsteuer:	0	⎬ wegen § 19, vgl. oben
Umsatzsteuer-Zahllast	0	⎭

→ **Jahr 2013 und Rudolf Spaßvogel verzichtet auf Anwendung der Kleinunternehmer-Regelung:**

	€	
Umsatzsteuer:	0	da keine Ausgangsumsätze im Jahr 2013
Vorsteuer:	– 380	Miete, 2.000 € x 0,19 Begründung oben
	– 47.500	Vorsteuer auf Eingangsleistungen brutto 297.500 €
Erstattung	– 47.880	

Konsequenz:

Es ist also günstiger für Rudolf Spaßvogel, wenn er auf die Anwendung der Kleinunternehmer-Regelung im Jahr 2013 verzichtet.

Folge:

Die Option nach § 19 Abs. 2 UStG ist sinnvoll.

→ **Jahr 2014 (Rudolf Spaßvogel ist kein Kleinunternehmer mehr, siehe oben):**

€

Umsatzsteuer: 14.000 **Inlandsgeschäft:** Lieferung (§ 3 Abs. 1 UStG), steuerbar und steuerpflichtig in Pforzheim (§ 1 Abs. 1 Nr. 1, § 3 Abs. 5a, Abs. 6 Satz 1, 3 UStG – Versenden –: Pforzheim), Steuersatz: 7 % (§ 12 Abs. 2 Nr. 1 i. V. m. Anlage 2 Nr. 49 UStG)

2.800 **Auslandsgeschäft:** Lieferung (§ 3 Abs. 1 UStG), steuerbar (§ 1 Abs. 1 Nr. 1 UStG),

Ort der Lieferung: § 3 Abs. 5a, § 3c Abs. 1: § 3c Abs. 2 UStG gegeben, da Abnehmer = Privatpersonen in der EU; Erwerbsschwelle irrelevant;

§ 3c Abs. 3 UStG: Lieferschwelle 100.000 € nicht überschritten, also § 3c UStG grundsätzlich nicht anwendbar, sondern Ort der Lieferung richtet sich nach § 3 Abs. 5a, Abs. 6 UStG → Ort der Lieferung = Pforzheim,

Steuersatz: 7 % (§ 12 Abs. 2 Nr. 1 UStG i. V. m. Anlage 2 Nr. 49) abzuführende USt: 40.000 € x 7 % = 2.800 €.

Ein Verzicht auf die Anwendung der Lieferschwelle § 3c Abs. 4 UStG ist zwar möglich, hätte allerdings zur Folge, dass die Endverbraucher mit 10 % österreichischer Umsatzsteuer belastet würden (Ort der Lieferung bei Option nach § 3c Abs. 4 UStG in Österreich, § 3c Abs. 1 UStG) und somit das Endprodukt teurer wäre.

Auf den Vorsteuerabzug in Deutschland ergeben sich keine Auswirkungen, da auch nicht-steuerbare Umsätze grundsätzlich zum Vorsteuerabzug berechtigen.

Rudolf Spaßvogel sollte also nicht auf die Anwendung der Lieferschwelle verzichten, d. h. die Option nach § 3c Abs. 4 UStG sollte nicht ausgeübt werden.

€

	€	
Übertrag Umsatzsteuer	16.800	
Vorsteuer (§ 15)	– 19.000	Eingangsumsätze, § 15 Abs. 1 Nr. 1 UStG
	– 3.500	Urheberrechtsleistungen, § 15 Abs. 1 Nr. 1, 7 %, § 12 Abs. 2 Nr. 7c UStG
	– 4.560	Gebäudemiete für 12 Monate
USt-Erstattung	**– 10.260**	

b)

Steuerbarkeit

Es liegt eine sonstige Leistung (Nutzungsrecht, § 3 Abs. 9) vor.

Ort im Inland

Der Ort der sonstigen Leistung ist im Inland, da ein Drittlands-Unternehmer nach § 3a Abs. 5 i. V. m. Abs. 4 Nr. 13 UStG vorliegt. Somit ist der Ort der sonstigen Leistung beim Empfänger in Karlsruhe. Damit ist der Vorgang steuerbar nach § 1 Abs. 1 Nr. 1 UStG.

Steuerpflicht

Es liegt keine Steuerbefreiung vor.

Nicht gefragt: Steuersatz: 19 %, Steuersatz, abhängig von Vertragsgestaltung, u. U. 7 %, § 12 Abs. 2 Nr. 7c (wenn die Vergütung für Urheberrechte o. Ä. ist). D. h. die Musikentertainment Ltd. muss deutsche Umsatzsteuer abführen (Bagatellgrenzen vernachlässigt).

(2/1,19 x 19 % = 0,32 €; Höhe und Steuersatz nicht gefragt)

c)
Ort

§ 3a Abs. 5 UStG ist nicht anwendbar, da der Leistende in der Europäischen Union ansässig ist;

§ 3a Abs. 4 UStG ist nicht anwendbar, da der Empfänger eine Privatperson und nicht im Drittland ansässig ist, also gelten die allgemeinen Regelungen des § 3a Abs. 1, d. h. Unternehmenssitzort: Irland, d. h. Steuerbarkeit und Steuerpflicht in Irland: Irische Umsatzsteuer.

D. h. die Musikentertainment Ltd. muss irische Umsatzsteuer abführen (Bagatellgrenzen vernachlässigt).

4 Umsatzsteuer

Bearbeitungszeit: 45 Minuten

Schwierigkeitsniveau: mittel (Basisstudium Bachelor, Jura)

Stichworte/Inhalte

Umsatzsteuer

Unternehmereigenschaft, Kleinunternehmer, Option für Kleinunternehmer, Vermietung, Option bei Vermietungen, Ort der sonstigen Leistung, Vorsteuerabzug, Vorsteuerberichtigung.

Sachverhalt

Franziska Hof, geb. am 20.2.1939, ist Rentnerin und Witwe und wohnt in Freiburg. Frau Hof hat auf einem unentgeltlich erworbenen Grundstück im Vorjahr in Freiburg ein Haus errichten lassen. Die Herstellungskosten beliefen sich auf insgesamt 300.000 € + 57.000 € Umsatzsteuer.

Frau Hof beginnt mit der Vermietung des Hauses am 1. Januar des laufenden Kalenderjahres. Sie war bisher keine Unternehmerin im Sinne des UStG und hat im Vorjahr keine Umsätze getätigt.

Frau Hof vermietet das Erdgeschoss (30 % der Fläche) gewerblich an einen umsatzsteuerpflichtigen Unternehmer. 20 % der Fläche entfallen auf ihre eigene Wohnung. Die eigene Wohnung wird nicht dem Unternehmensvermögen zugeordnet.

Die verbleibenden 5 Zimmer, die je 10 % der Gesamtfläche umfassen, nutzt sie wie folgt:

- drei Zimmer: vorübergehende Vermietung an Pensionsgäste (Tourismus);

- ein Zimmer: Vermietung an einen Studenten (Mietvertrag über ein Jahr);

- ein Zimmer: dauerhafte Vermietung an einen umsatzsteuerpflichtigen Unternehmer, der dieses Zimmer für Gäste des Unternehmens benutzt.

Im laufenden Kalenderjahr wird Frau Hof voraussichtlich folgende Mieteinnahmen haben:

- 9.000 € p. a. für die gewerbliche Fläche sowie 1.500 € p. a. für das an den Unternehmer vermietete Zimmer, wobei sie zusätzlich die Umsatzsteuer in Rechnung stellen kann;

- Einnahmen von 12.000 € p. a. aus der vorübergehenden Vermietung der Pensionszimmer, wobei eine Abwälzung (zusätzliche Berechnung) der Umsatzsteuer nicht möglich ist. Die abziehbare Vorsteuer für Nebenkosten beläuft sich auf 500 € p. a.;

- Einnahmen von 1.500 € (netto) p. a. für das Zimmer des Studenten.

Fragen

a) Welche Vermietungsumsätze sind steuerbar?

b) Welche Vermietungsumsätze sind steuerbefreit?

c) Ist Frau Hof Unternehmerin und zur Erhebung und Abführung der Umsatzsteuer im vorangegangenen und im laufenden Kalenderjahr verpflichtet?

d) Welche Konsequenzen hat in dem vorliegenden Fall die Option nach § 19 Abs. 2 UStG? In welchem Jahr sollte eine derartige Option erfolgen? Für welchen Zeitraum ist Frau Hof an diese Option gebunden?

e) Wie hoch sind – bei Option nach § 19 Abs. 2 UStG im Vorjahr – im vorangegangen und im laufenden Kalenderjahr die abziehbare Vorsteuer und die Umsatzsteuer auf die umsatzsteuerpflichtigen Umsätze, wenn keine Option nach § 9 UStG erfolgt und die Vorsteuer des Gebäudes anteilsmäßig zur Fläche abziehbar ist?

f) Für welche steuerfreien Vermietungsumsätze kann im vorliegenden Fall eine Option nach § 9 Abs. 1 UStG erfolgen?

g) Gibt es einen ökonomischen Vorteil bei Option im Fall f)? Wenn ja, welchen und in welcher Höhe?

h) Welche steuerlichen Konsequenzen gibt es, wenn ab dem 1. Januar des folgenden Kalenderjahres das Erdgeschoss an einen Arzt vermietet wird?

Lösungshinweise zu Aufgabe 4

a)

Steuerbarkeit

Prüfung der Kriterien für steuerbare Umsätze nach § 1 Abs. 1 Nr. 1 UStG:

Vermietung = Sonstige Leistung (§ 3 Abs. 9 UStG) im Inland (§ 3a Abs. 3 Nr. 1 UStG).

Frau Hof ist Unternehmerin i. S. d. § 2 UStG, nachhaltige Tätigkeit zur Erzielung von Einnahmen.

Leistungsaustausch – gegen Entgelt

→ steuerbare Umsätze mit Unternehmern (Gewerbe + Zimmer), Pensionsvermietung, Studentenzimmer, Nutzung für eigene Zwecke

Eigene Wohnung (kein „Eigenverbrauch" nach § 3 Abs. 9a Nr. 1 UStG, da die Wohnung nicht dem Unternehmensvermögen zugeordnet wird, also nichtsteuerbar ist).

Alle Leistungen sind – mit Ausnahme der eigenen Wohnung – steuerbar!

b)

Steuerfreie Vermietungen

Die langfristige Vermietung an den Unternehmer (Gewerbe + Zimmer) und an Studenten § 4 Nr. 12 UStG sind grundsätzlich steuerfrei.

Steuerpflichtige Vermietungen

Nicht steuerfrei ist die kurzfristige Vermietung der Pensionszimmer nach § 4 Nr. 12 Satz 2 UStG.

c)

Kleinunternehmer

Franziska Hof ist nicht zur Erhebung der Umsatzsteuer verpflichtet, da sie Kleinunternehmerin ist. Sie hat im Vorjahr und im aktuellen Jahr nach § 19 Abs. 1 UStG die Umsatzgrenzen (Umsatz Vorjahr < 17.500 €; laufendes Jahr < 50.000 €) unterschritten.

d)

Anteiliger Vorsteuerabzug bei Steuerpflicht

Bei Ausübung der Kleinunternehmeroption (§ 19 Abs. 2 Satz 1 UStG) gilt eine Umsatzsteuerpflicht der Pensionsumsätze. Die Option sollte für das Vorjahr erfolgen, da dann der anteilige Vorsteuerabzug der Herstellungskosten geltend gemacht werden kann. Die Unternehmerin ist an die Option 5 Jahre lang gebunden (§ 19 Abs. 2 Satz 2 UStG).

e)

Vorsteuerabzug

Vorjahr: 3 Zimmer: 30 % der Vorsteuer der Herstellungskosten → 17.100 € Vorsteuerabzug;

Der Rest ist vom Vorsteuerabzug wegen § 15 Abs. 2 Nr. 1 UStG ausgeschlossen.

Berechnung der Umsatzsteuer-Zahllast

Laufendes Jahr: (0,07/1,07) x 12.000 Umsatzsteuer Steuersatz ab 2010: 7 % (§ 12 Abs. 2 Nr. 11 UStG)	785,04 €
./. Vorsteuer	500,00 €
= USt-Zahllast:	285,04 €

f)

Optionsmöglichkeit für langfristige Vermietung

Bei den Umsätzen mit vorsteuerabzugsberechtigten Unternehmern (Gewerbe + Gastzimmer) ist nach § 9 Abs. 2 UStG eine Option zur Umsatzbesteuerung möglich.

g)

Vorsteuerabzug bei Option nach § 9 UStG

Vorjahr: 57.000 € x 0,4 = 22.800 € zusätzlicher Vorsteuerabzug der Herstellungskosten

Ökonomische Folgen:

Laufendes Jahr: Umsatzsteuer-Abwälzung;

→ keine zusätzliche Belastung.

h)

Keine Option zur Umsatzsteuer bei der Vermietung an Arzt

Eine Option ist bei der Vermietung an einen Arzt nicht möglich (§ 9 Abs. 2 UStG), da der Arzt nicht vorsteuerabzugsberechtigt ist (steuerfreie Umsätze nach § 4 Nr. 14 UStG = > Anwendung § 15 Abs. 2 Nr. 1 UStG);

Folge: Umsatzsteuer-Berichtigung

Eine Umsatzsteuer-Berichtigung nach § 15a UStG ist erforderlich.

Der Berichtigungszeitraum bei Grund und Boden beläuft sich auf 10 Jahre abzüglich der bisherigen Nutzung (mit Umsatzsteuer).

→ Berichtigungszeitraum: 9 Jahre;

→ Betrag: 9/10 von 30 % von 57.000 € für Erdgeschoss (30 %) = 15.390 €

5   Umsatz- und Grunderwerbsteuer*

Bearbeitungszeit: 60 Minuten

Schwierigkeitsniveau: mittel bis hoch (Schwerpunktstudium Steuern
                     Bachelor, Masterstudium)

Stichworte/Inhalte

Umsatzsteuer

Unternehmereigenschaft, Organschaft, Innenumsatz, Reihengeschäft, Sonstige Leistungen, Innergemeinschaftlicher Erwerb, Einfuhr, Ort, Vermietung, Option bei Vermietungen, Verkaufskommission, Lieferungen, Versendungen an Nichtunternehmer, Steuersatz, Vorsteuerabzug, Vorsteuerberichtigung.

Grunderwerbsteuer

Steuerbarkeit, Vereinigung von Anteilen an einer Grundstücksgesellschaft, Rückkauf von Grundstücken, Verkauf von Grundstücken an Personengesellschaften mit Beteiligung des Verkäufers, Bemessungsgrundlage, Steuersatz, Steuerschuldner.

Teil A: Umsatzsteuer (45 Minuten)

Allgemeine Bearbeitungshinweise für alle Sachverhalte

Die nachfolgenden Sachverhalte sind jeweils für den Besteuerungszeitraum 2014 unter Angabe der gesetzlichen Grundlagen zu beurteilen.

Soweit aus dem jeweiligen Sachverhalt nichts anderes hervorgeht, gelten eventuell erforderliche Buch- und Belegnachweise als erbracht und Rechnungen an den Leistungsempfänger als nach §§ 14, 14a UStG ausgestellt. Darüber hinaus ist von der Besteuerung nach vereinbarten Entgelten (§ 16 Abs. 1 UStG) auszugehen. Die beteiligten Unternehmer verwenden jeweils ihre nationale Umsatzsteuer-Identifikationsnummer. Die beteiligten Unternehmer sind grundsätzlich zum Vorsteuerabzug berechtigt und nehmen die Kleinunternehmer-Regelung (§ 19 UStG) nicht in Anspruch.

---

* Für die Überlassung dieser Klausuraufgabe danke ich meiner Kollegin **StB Prof. Dr. Sabine Aßmann**, Hochschule Pforzheim.

Aufgabe A1 (11 Minuten)

Sachverhalt

Der spanische Bierhändler Desperados (D) bringt Bier mit seinem eigenen Lkw zu seiner deutschen Betriebsstätte nach Stuttgart. D veräußert nach seiner Ankunft in Stuttgart das Bier für 7.000 € an den Stuttgarter Kneipenwirt Willi Witzig (W). D übergibt das Bier sofort an W. W zahlt D die 7.000 € bei Übergabe der Ware bar auf die Hand. W befördert das Bier mit seinem eigenen Lkw zu seiner Kneipe in Stuttgart.

D selbst hat das Bier in Spanien für 3.200 € zuzüglich spanischer Umsatzsteuer eingekauft.

Frage A1

Wie ist der Vorgang umsatzsteuerlich bei D zu beurteilen? Gehen Sie bei der Beantwortung davon aus, dass das spanische Umsatzsteuergesetz dem deutschen entspricht.

Aufgabe A2 (8 Minuten)

Sachverhalt

Der Pforzheimer Maschinenfabrikant P bestellt beim Händler U in Washington (USA) eine neue Fensterschleifmaschine für sein Unternehmen. Da U die Maschine nicht vorrätig hat, bestellt er die Maschine beim Hersteller R in Russland. R versendet die Maschine auf Anweisung des U direkt an P. Die Maschine wird von P am Flughafen Stuttgart abgeholt. Die beteiligten Unternehmer haben vereinbart, dass P die Abfertigung der Maschine zum freien Verkehr beim deutschen Zoll beantragt.

Frage A2

Welche umsatzsteuerlichen Konsequenzen ergeben sich für P, U und R?

Aufgabe A3 (7 Minuten)

Sachverhalt

Die in Stuttgart ansässige S-GmbH hält jeweils eine 100%ige Beteiligung an der H-GmbH in Hannover sowie an der F-S.A. in Frankreich. Zum Geschäftsführer der S-GmbH, der H-GmbH sowie der F-S.A. ist jeweils Gerry Geizhals (G) bestellt. Die S-GmbH, die H-GmbH sowie die F-S.A. sind jeweils auf dem Gebiet des Fensterbaus tätig. Bei der S-GmbH findet die Endmontage der Fenster statt, bei der H-GmbH sowie bei der F-S.A. werden

Einzelkomponenten hergestellt, die die S-GmbH für die Montage der Fenster benötigt. Daneben unterhält die S-GmbH eine Betriebsstätte in der Schweiz, in der spezielle Gummis für die Fenster gefertigt werden.

Die H-GmbH beliefert die S-GmbH mit Komponenten für 5.000 € (ohne Umsatzsteuer). Die F-S.A. beliefert die S-GmbH mit Komponenten für 10.000 € (ohne Umsatzsteuer). Von der Betriebsstätte in der Schweiz bezieht die S-GmbH Komponenten für 3.000 € (ohne Umsatzsteuer).

Frage A3

Wie sind die Lieferungen zwischen der S-GmbH, der H-GmbH, der F-S.A. und der Betriebsstätte in der Schweiz aus umsatzsteuerlicher Sicht zu beurteilen?

Aufgabe A4 (11 Minuten)

Sachverhalt

Unternehmer U vermietet Wohnblöcke langfristig an Privatpersonen. Er erwirbt am 13.7.2013 für sein Unternehmen einen PC für 1.000 € zuzüglich 190 € Umsatzsteuer, einen Fiat für 10.000 € zuzüglich 1.900 € Umsatzsteuer sowie einen Mercedes für 200.000 € zuzüglich 38.000 € Umsatzsteuer. Alle Gegenstände werden zunächst wie beabsichtigt ausschließlich für sein Unternehmen verwendet.

Am 1.11.2013 schenkt U den PC seiner Tochter. Am 1.4.2014 veräußert U den Fiat unter Ausweis von Umsatzsteuer an den KfZ-Händler H. Ab 1.1.2015 wird der Mercedes von U zu 50 % privat genutzt.

Frage A4

Welche umsatzsteuerlichen Konsequenzen ergeben sich für U?

Abwandlung A4

Wie ändert sich Ihre Lösung, wenn U Maschinenfabrikant ist?

Aufgabe A5 (3 Minuten)

Sachverhalt

Autohändler Adalbert Abendroth aus Altensteig (A) übergibt am 1. Januar 2014 10 Autos als Kommissionsware an Autohändler Steffen Stadler in Stuttgart (S), da er glaubt, dass sich die Autos in Stuttgart besser verkaufen lassen. S soll die Autos für 12.000 € zuzüglich Umsatzsteuer verkaufen und erhält dafür eine Provision in Höhe von 1.200 € pro Auto.

Zum 31. Dezember 2014 hat S 5 Autos wie vereinbart verkauft.

Frage A5

Welche umsatzsteuerlichen Konsequenzen ergeben sich für A?

Aufgabe A6 (5 Minuten)

Sachverhalt

a) Eine Zeitung in München veröffentlicht Annoncen des Immobilienmaklers I aus der Schweiz. I bietet in den Annoncen Ferienwohnungen in Deutschland, Frankreich und der Schweiz zum Verkauf an.

b) Ein deutscher Grundstücksmakler vermittelt den Verkauf eines Ferienhauses in Dänemark für eine dänische Firma an einen Erwerber aus Deutschland.

c) Eine belgische Gebäudereinigungsfirma reinigt das Gebäude einer Steuerberatungsgesellschaft in Düsseldorf.

d) Ein spanischer Ingenieur erstellt im Auftrag des österreichischen Eigentümers ein Gutachten für ein in Deutschland gelegenes Grundstück.

e) Ein deutscher Zirkus gibt Vorstellungen in Spanien und Portugal.

Frage A6

Wo befindet sich jeweils der Leistungsort?

Teil B: Grunderwerbsteuer (15 Minuten)

Aufgabe B1 (5 Minuten)

Sachverhalt

A erwirbt im Jahr 2012 alle Anteile an einer GmbH, zu deren Vermögen ein Grundstück in Karlsruhe gehört (Grundstückswert: 70.000 €). Im Jahr 2014 kauft A das Grundstück von der GmbH für 200.000 €.

Frage B1

Wie sind der Erwerb der Anteile an der GmbH 2012 und der Kauf des Grundstücks im Jahr 2014 grunderwerbsteuerlich zu beurteilen?

Aufgabe B2 (5 Minuten)

Sachverhalt

A und B sind zu jeweils 50 % Miteigentümer an einem Grundstück in Stuttgart. A und B verkaufen das Grundstück für 1.000.000 € an eine Personengesellschaft, an der A, B und C zu je 1/3 beteiligt sind.

Frage B2

Wie ist der Verkauf des Grundstücks grunderwerbsteuerlich zu beurteilen?

Aufgabe B3 (5 Minuten)

Sachverhalt

X und Y sind seit 2012 zu jeweils 50 % an der C-GmbH, die über keinen Grundbesitz verfügt, beteiligt. Die C-GmbH wiederum hält 100 % der Anteile an der grundbesitzenden D-GmbH (Grundbesitzwert = Verkehrswert = 200.000 €; Ort der Grundstücke: Stuttgart).

Im Jahr 2014 erwirbt X 90 % der Anteile des Y an der C-GmbH. Nach dem Erwerb ist X somit zu 95 % und Y zu 5 % an der C-GmbH beteiligt.

Frage B3

Wie ist der Verkauf der Anteile an der C-GmbH im Jahr 2014 grunderwerbsteuerlich zu beurteilen?

Lösungshinweise zu Aufgabe 5, Teil A

Frage A1

Überführung der Ware von Spanien nach Deutschland:

Steuerbarkeit nach spanischem Recht (§ 1 UStG-Spanien)

1. Lieferung (§ 3 Abs. 1 UStG) liegt nicht vor, aber § 3 Abs. 1a UStG: Verbringen, da nicht nur vorübergehende Verwendung in Deutschland.

2. D ist Unternehmer (§ 2 UStG).

3. Verbringen erfolgt im Rahmen des Unternehmens des D zu seiner Betriebsstätte in Deutschland.

4. Entgelt (§ 10 Abs. 4 Nr. 1 UStG): 3.200 €

5. Inland/Ort des Verbringens: § 3 Abs. 6 Satz 1 UStG: Spanien; Rechtsfolge: Steuerbarkeit in Spanien.

Steuerbefreiung nach spanischem Recht?

§ 4 Nr. 1b i. V. m. § 6a Abs. 2 i. V. m. § 3 Abs. 1 UStG, d. h. Steuerbefreiung in Spanien;

D hat dennoch Vorsteuerabzugsrecht in Spanien (§ 15 Abs. 1 Nr. 1, Abs. 3 Nr. 1a UStG).

Steuerbarkeit bei Verbringung nach Deutschland

Steuerbarkeit in Deutschland nach § 1 Abs. 1 Nr. 4, § 1a Abs. 2: i. g. Verbringen führt zu i. g. Erwerb in Deutschland (Ort: § 3d Satz 1 UStG: Deutschland).

Keine Steuerbefreiung in Deutschland

Höhe der Umsatzsteuer

Bemessungsgrundlage (§ 10 Abs. 4 Nr. 1): 3.200 €

Steuersatz (§ 12 Abs. 1): 19 %, d. h. deutsche Umsatzsteuer = 608 €, d. h. D muss sich in Deutschland umsatzsteuerlich registrieren lassen.

Vorsteuerabzug

D kann die 608 € nach § 15 Abs. 1 Nr. 3 als Vorsteuer abziehen.

Lieferung der Ware an W:

Steuerbarkeit (§ 1 UStG)

1. Lieferung ist nach § 3 Abs. 1 UStG gegeben.
2. D ist Unternehmer (§ 2 UStG).
3. D handelt im Rahmen seines Unternehmens.
4. Entgelt (§ 10 UStG): 7.000 € (brutto!!)
5. Ort: § 3 Abs. 6 Satz 1 UStG: Stuttgart

→ Rechtsfolge: Steuerbarkeit in Deutschland

Steuerbefreiung

§ 4 UStG: nein

Höhe der Umsatzsteuer

Bemessungsgrundlage (§ 10): 7.000 €/1,19 = 5.882 €

Steuersatz (§ 12): 19 %, d.h. Umsatzsteuer = 1.118 €, d.h. D muss 1.118 € deutsche Umsatzsteuer abführen.

Frage A2:

Reihengeschäft

§ 3 Abs. 6 Satz 5 UStG: d.h. es liegen insgesamt 2 Lieferungen vor (L1 = Lieferung R an U; L2 = Lieferung U an P)

L1: § 3 Abs. 6 Satz 5 UStG: bewegte Lieferung (Versendungslieferung) ist L1, da R als Lieferer auftritt;

Lieferort: § 3 Abs. 6 Satz 1 UStG: Russland

keine Verlagerung des Lieferortes nach § 3 Abs. 8 UStG nach Deutschland, da P Schuldner der Einfuhrumsatzsteuer ist

→ Rechtsfolge: L1 ist in Deutschland nicht steuerbar.

Verlagerung des Ortes bei Einfuhrumsatzsteuer

L2: Ort § 3 Abs. 7 Satz 2 Nr. 2 UStG: Deutschland;

keine Verlagerung des Lieferortes nach § 3 Abs. 8 UStG nach Deutschland, da P Schuldner der Einfuhrumsatzsteuer ist

→ Rechtsfolge: L2 ist in Deutschland steuerbar

Steuerbefreiung nach § 4 Nr. 4b UStG

Einfuhr

P bewirkt eine Einfuhr (§ 1 Abs. 1 Nr. 4 UStG) in Deutschland.

P kann die Einfuhrumsatzsteuer als Vorsteuer abziehen (§ 15 Abs. 1 Nr. 2 UStG)

Frage A3

Umsatzsteuerliche Organschaft

Zwischen S-GmbH und H-GmbH liegt eine umsatzsteuerliche Organschaft vor (§ 2 Abs. 2 Nr. 2 UStG), da finanzielle, wirtschaftliche und organisatorische Eingliederung besteht.

Daher sind die Lieferungen zwischen S-GmbH und H-GmbH nichtsteuerbare Innenumsätze (kein USt-Ausweis)

Innenumsätze

Zum Unternehmen der S-GmbH gehört auch die Betriebsstätte in der Schweiz; daher sind die Lieferungen zwischen S-GmbH und Schweizer Betriebsstätte nichtsteuerbare Innenumsätze (kein Umsatzsteuer-Ausweis)

Keine Organschaft über die Grenze!

§ 2 Abs. 2 Nr. 2 Satz 2 UStG: Wirkungen der Organschaft sind auf das Inland beschränkt, d. h. F-S.A. gehört nicht zum Unternehmen der S-GmbH.

Innergemeinschaftlicher Erwerb:

Die S-GmbH bewirkt einen i. g. Erwerb im Inland gegen Entgelt (§ 1 Abs. 1 Nr. 5, § 1a, § 3d Satz 1 UStG);

Bemessungsgrundlage: § 10 Abs. 1 UStG: Entgelt: 10.000 €; Umsatzsteuer (§ 12 UStG): 19 % → Umsatzsteuer: 1.900 €

Die S-GmbH kann die 1.900 € als Vorsteuer abziehen (§ 15 Abs. 1 Nr. 3 UStG).

Frage A4

Kein Vorsteuerabzug bei langfristiger Vermietung

Zunächst kein Vorsteuerabzug (0) aus dem Erwerb des PCs sowie der Autos wegen § 15 Abs. 2 Nr. 1, § 4 Nr. 12a UStG, da keine Optionsmöglichkeit nach § 9 UStG gegeben ist.

Vorsteuerberichtigung bei Änderung der Verhältnisse

Berichtigungszeitraum für PC und Autos: § 15a Abs. 1, § 45 UStDV: 1.7.2013–30.06.2018

PC: Die Schenkung an die Tochter ist eine Lieferung nach § 3 Abs. 1b, d. h. steuerpflichtiger Umsatz.

Änderung der Verhältnisse um 100 %, da der VSt-Abzug nach § 15 Abs. 1 nun zu 100 % möglich ist,

d. h. Berichtigung nach § 15a Abs. 8 und 9,

aber: § 44 Abs. 1 UStDV: keine Berichtigung (Kleinbetragsregelung)

Fiat: Der Verkauf ist eine steuerpflichtige Lieferung nach § 3 Abs. 1 UStG. Änderung der Verhältnisse um 100 %;

d. h. Berichtigung nach § 15a Abs. 8 und 9: Korrektur um 51/60 (9 Monate schädliche Verwendung) = 1.900 € x 51/60 = 1.615 €;

§ 44 Abs. 3 UStDV: insgesamt Berichtigung im Rahmen der Jahreserklärung 2014.

Mercedes: Bei der Privatnutzung handelt es sich nach § 3 Abs. 9a Nr. 1 UStG um eine steuerpflichtige sonstige Leistung. Änderung der Verhältnisse um 50 %,

d. h. Berichtigung nach § 15a Abs. 1 und 5 UStG: 50 % von 42/60 (18 Monate schädliche Verwendung) x 38.000 € = 13.300 € (Korrektur insgesamt);

d. h. für 2015-2017: 12/42 x 13.300 € = 3.800 € (je Jahr);

2018: 6/42 x 13.300 € = 1.900 €

Abwandlung

Ursprünglicher Vorsteuerabzug zu 100 %, da steuerpflichtige Ausgangsumsätze.

PC: Die Lieferung erfolgt nach § 3 Abs. 1b UStG, d. h. sie ist steuerpflichtig: Änderung der Verhältnisse um 0 %, d. h. kein Fall des § 15a UStG.

Autos: steuerpflichtige Lieferung nach § 3 Abs. 1 UStG; steuerpflichtige sonstige Leistung nach § 3 Abs. 9a UStG; Änderung der Verhältnisse um 0 %, d. h. kein Fall des § 15a UStG.

Frage A5

Verkaufskommission

S verkauft die Autos im eigenen Namen, aber für Rechnung des A (Verkaufskommission), d. h. Lieferung zwischen Kommittent A und Kommissionär S; S gilt als Abnehmer (§ 3 Abs. 3 UStG).

Die Lieferung zwischen A und S erfolgt zum Zeitpunkt des Verkaufs der Autos durch S an die Endkunden (A 3.12 USt-AE), d. h. im Jahr 2014 finden 5 Lieferungen zwischen A und S statt.

Die Lieferung zwischen A und S gilt als ruhende Lieferung (unbewegt); Lieferort: § 3 Abs. 7 Satz 2 Nr. 1 UStG: Altensteig

Höhe der Umsatzsteuer bei A

Bemessungsgrundlage (§ 10 UStG):
5 x (12.000 € – 1.200 € Provision) = 54.000 €

Steuer (§ 12 UStG), 19 % = 10.260 €

Frage A6

Ort der sonstigen Leistung

a) § 3a Abs. 4 Nr. 2 UStG: Werbeleistung; Ort: § 3a Abs. 2 UStG: Schweiz

b) § 3a Abs. 3 Nr. 1b UStG: Dänemark (Lage des Grundstücks)

c) § 3a Abs. 3 Nr. 1 UStG: Düsseldorf (Lage des Grundstücks)

d) § 3a Abs. 3 Nr. 1c UStG: Deutschland (Lage des Grundstücks)

e) § 3a Abs. 3 Nr. 3a UStG: Leistungsort in Spanien bzw. Portugal

Lösungshinweise zu Aufgabe 5, Teil B

Frage B1

Erwerb der Anteile an der GmbH im Jahr 2012:

Steuerbar nach § 1 Abs. 3 GrEStG, da Anteilsvereinigung in einer Hand (A);

Bemessungsgrundlage: § 8 Abs. 2 Nr. 3 GrEStG: 70.000 €;

Steuer: § 11 GrEStG: 3,5 % = 2.450 €

Steuerschuldner: § 13 Nr. 5a GrEStG: Erwerber = A

Rückkauf des Grundstücks von der GmbH:

Steuerbar nach § 1 Abs. 1 Nr. 1, aber Fall des § 1 Abs. 6, d.h. die Steuer wird nur insoweit erhoben, als sie die Bemessungsgrundlage für den späteren Rechtsvorgang übersteigt.

Übersteigende Bemessungsgrundlage = 200.000 € – 70.000 € = 130.000 € x 3,5 % = 4.550 €

Frage B2

Der Verkauf ist ein steuerbarer Vorgang nach § 1 Abs. 1 Nr. 1 GrEStG

Bemessungsgrundlage: § 8 Abs. 1, § 9 Abs. 1 Nr. 1 GrEStG:

Kaufpreis = 1.000.000 €

Steuer: § 11 GrEStG: 3,5 % = 35.000 €

Steuerschuldner: § 13 Nr. 1 GrEStG: Personengesellschaft (Erwerber)

§ 5 Abs. 1 GrEStG: Steuer wird zu 2/3 (Vorbeteiligung des A und B am Grundstück) nicht erhoben, d.h. Steuerschuld = 35.000 € x 1/3 = 11.667 €

Frage B3

Steuerbarkeit: § 1 Abs. 2a GrEStG ist nicht einschlägig, da keine Personengesellschaft;

Steuerbarkeit nach § 1 Abs. 3 Nr. 1 GrEStG: Anteilsvereinigung von mindestens 95 % der Anteile an der D-GmbH in der Hand eines Erwerbers (X);

X hält mittelbar 95 % der Anteile an der D-GmbH, da die Beteiligung des X an der C-GmbH (95 %) geeignet ist, eine Beteiligung an der D-GmbH zu vermitteln;

Bemessungsgrundlage: § 8 Abs. 2 GrEStG: 200.000 €;

Steuer: § 11 GrEStG: 3,5 % = 7.000 €;

Steuerschuldner: § 13 Nr. 5 GrEStG: X (Erwerber)

6 Umsatzsteuer*

Bearbeitungszeit: 60 Minuten

Schwierigkeitsniveau: mittel (Basisstudium Bachelor, Jura)

Stichworte/Inhalte:

Umsatzsteuer

Unternehmereigenschaft, Unternehmensumfang, Geschäftsveräußerung im Ganzen, Unzutreffender Steuerausweis, Reihengeschäft, Innergemeinschaftlicher Erwerb, Innenumsatz, Vorsteuerabzug, Steuerschuldnerschaft des Leistungsempfängers.

Sachverhalt Allgemeines:

Hans Kästle ist seit vielen Jahren Inhaber einer Baufirma und einer Baustoffhandlung in Ulm. Außerdem besitzt er eine Fliesenhandlung in Neu-Ulm und eine Schreinerei in Reutlingen. Daneben ist er als Kommanditist an einer Fertigbaufirma beteiligt. Ihm gehört außerdem ein Zweifamilienhaus in Augsburg, in dem eine Wohnung an seinen Sohn vermietet, die andere fremdvermietet ist. Zusammen mit seiner Frau bewohnt er ein in ihrem gemeinsamen Besitz befindliches Einfamilienhaus in Ulm.

Anmerkungen:

Kästle versteuert seine Umsätze nach vereinbarten Entgelten (§ 16 Abs. 1 Satz 1 UStG) und gibt monatliche Voranmeldungen ab (§ 18 Abs. 2 Satz 2 UStG).

Fragen:

Aa) Ist Hans Kästle Unternehmer?

Ab) Welche Tätigkeiten Kästles gehören zu seinem Unternehmen?

Sachverhalt 1:

Im Juli 2014 veräußerte Hans Kästle im Rahmen einer Neustrukturierung seines Unternehmens mit Wirkung vom 1. August 2014 die Schreinerei in Reutlingen an die Holz KG in Reutlingen. Er stellte ihr dafür am 25. Juli 500.000 € + 95.000 € Umsatzsteuer = 595.000 € in Rechnung. Die Holz KG beabsichtigt, den Schreinereibetrieb im Rahmen ihres Unternehmens weiterzuführen.

---

*   Für die Überlassung der Klausur danke ich **Herrn Dipl. Finw. (FH) Helmut Schötz**, EXAMINA e.V.–
    Vorbereitungslehrgänge auf die Steuerberaterprüfung – München sehr.

Fragen:

1a) Unterliegt der Verkauf der Schreinerei der Umsatzsteuer?

1b) Ist die der Holz KG erteilte Rechnung zutreffend? Schuldet Kästle die in Rechnung gestellte Umsatzsteuer?

1c) Unterstellt, die Rechnung wäre nicht zutreffend: Darf Kästle die Rechnung berichtigen?

Sachverhalt 2:

Die Kurverwaltung Bad Urach bestellte bei der Baustoffhandlung 5 t Kopfsteinpflaster. Den Auftrag leitete Kästle an seinen Lieferanten Brecher in Kufstein (Österreich) weiter, der die Ware am 24. März 2014 mit eigenem Lkw direkt aus Kufstein nach Bad Urach zum Abnehmer beförderte. Brecher stellte dem Kästle am 25. März 2014 für die Steine 5.950 € (netto 5.000 € und 950 € Umsatzsteuer) in Rechnung.

Kästle beglich die Rechnung im April 2014.

Der Kurverwaltung räumte Kästle ein Zahlungsziel bis 12. Mai 2014 ein und vereinbarte einen Preis von 8.330 €.

Fragen:

2a) Welche Umsätze führen die beteiligten Unternehmer aus?

2b) Wie sind die Umsätze Kästles beim Ein- und Verkauf der Steine zu behandeln?

2c) Muss Brecher in Deutschland Umsatzsteuer zahlen? Ist die von Brecher erteilte Rechnung zutreffend?

2d) Kann Kästle die von Brecher in Rechnung gestellte Umsatzsteuer als Vorsteuer abziehen?

Sachverhalt 3:

Im August 2014 lieferte der Baustoffhandel Baumaterial für 150.000 € + 28.500 € Umsatzsteuer = 178.500 € an die Baufirma. Der Baustoffhandel hatte diese Gegenstände im Januar 2014 bei einem Großhändler für 90.000 € + 17.100 € Umsatzsteuer erworben.

Fragen:

3a) Konnte der Baustoffhandel beim Einkauf des Baumaterials die in Rechnung gestellte Umsatzsteuer als Vorsteuer abziehen?

3b) Unterliegt der Verkauf des Baumaterials durch den Baustoffhandel an die Baufirma der Umsatzsteuer? Fällt Umsatzsteuer an?

3c) Ist der Vorsteuerabzug des Baustoffhandels wegen des Verkaufs an die Baufirma zu berichtigen?

Sachverhalt 4:

Im Februar 2014 beauftragte Kästle die tschechische Firma Mlady, Prag, mit der Errichtung einer Fertigbeton-Mischanlage. Teile der Anlage wurden im Auftrag Mladys von der Spedition Bohemia-Trans, Prag, im April 2014 in Ulm angeliefert.

Nach umfangreichen durch Mlady durchgeführten Montagearbeiten wurde die nun betriebsfertige Anlage Kästle am 6. Juni 2014 übergeben. Die Fa. Mlady erteilte am 16. Juni 2014 Kästle folgende – auszugsweise wiedergegebene – Rechnung:

Mischanlage	300.000 €
Montage	80.000 €
Umsatzsteuer 19 %	15.200 €
	395.200 €

Kästle zahlte am 11. Juli 2014 den in Rechnung gestellten Betrag.

Fragen:

4a) Welche Leistung erbringt die Firma Mlady an Kästle? Muss sich Mlady in Deutschland für umsatzsteuerliche Zwecke erfassen lassen?

4b) Wie erfolgt die Besteuerung der Leistung Mladys?

4c) Kann Kästle die von Mlady in Rechnung gestellte Umsatzsteuer als Vorsteuer abziehen?

4d) Hat Kästle dem Mlady im Hinblick auf den Umsatzsteueranteil zutreffend 395.200 € überwiesen?

Lösungshinweise zu Aufgabe 6

Allgemeines

Aa) Unternehmereigenschaft

Hans Kästle ist Unternehmer im Sinne des Umsatzsteuerrechts, weil er selbstständig nachhaltige Tätigkeiten zur Erzielung von Einnahmen ausübt (§ 2 Abs. 1 Satz 1 und 3 UStG).

Ab) Unternehmensumfang

Das Unternehmen umfasst nach § 2 Abs. 1 Satz 2 UStG Kästles gesamte gewerbliche oder berufliche Tätigkeit.

Zu seinem Unternehmen gehören alle seine unternehmerischen Tätigkeiten: die Baufirma, die Baustoffhandlung, die Fliesenhandlung, die Schreinerei sowie das Zweifamilienhaus.

Nicht zu seinem Unternehmen gehört das Einfamilienhaus: Es gehört beiden Ehegatten gemeinsam und dient zudem, da es nur selbst genutzt wird, nicht der Erzielung von Einnahmen.

Ebenfalls nicht Teil des Unternehmens Kästles ist die Fertigbaufirma, an der er als Kommanditist beteiligt ist, da die Kommanditgesellschaft ein selbstständiges Unternehmen darstellt. Eine organschaftliche Eingliederung in Kästles Unternehmen ist bei Personengesellschaften nicht möglich (vgl. § 2 Abs. 2 Nr. 2 UStG).

Sachverhalt 1

1a) Geschäftsveräußerung im Ganzen

Beim Verkauf der Schreinerei handelt es sich um eine Geschäftsveräußerung im Ganzen (§ 1 Abs. 1a UStG). Sie liegt vor, weil ein in der Gliederung eines Unternehmens gesondert geführter Betrieb im Ganzen entgeltlich an einen anderen Unternehmer übereignet wird. Entscheidend hierfür ist, dass die übertragenen Vermögensgegenstände ein hinreichendes Ganzes bilden, um dem Erwerber die Fortsetzung einer bisher durch Kästle ausgeübten unternehmerischen Tätigkeit zu ermöglichen, und der Erwerber, die Holz KG, dies auch tatsächlich tut (vgl. Abschnitt 1.5 Abs. 1 Satz 2 UStAE).

Keine Besteuerung der Geschäftsveräußerung

Die Umsätze im Rahmen einer Geschäftsveräußerung im Ganzen (es wird ein Bündel von Leistungen ausgeführt) unterliegen nicht der Umsatzsteuer (§ 1 Abs. 1a Satz 1 UStG). Kästle hätte deshalb keine Umsatzsteuer gesondert in Rechnung stellen dürfen.

1b) Rechnungserteilung

Weil Kästle unzutreffend Umsatzsteuer in Rechnung gestellt hat, schuldet er diese gem. § 14c Abs. 1 UStG. Die Steuer entsteht in Höhe von 95.000 € gemäß § 13 Abs. 1 Nr. 3 zweiter Halbsatz UStG im Zeitpunkt der Ausstellung der Rechnung, also am 25. Juli 2014 (vgl. Abschnitt 13.7 Satz 3 Bsp. 2 UStAE). Kästle muss diese Steuer in der Voranmeldung für Juli 2014 erklären.

1c) Rechnungsberichtigung

Kästle kann die in Rechnung gestellte Umsatzsteuer berichtigen. Er muss dazu aber nach § 14c Abs. 1 Satz 3 UStG die Voraussetzungen des § 14c Abs. 2 UStG beachten. Eine Berichtigung ist danach nur möglich, soweit die Gefährdung des Steueraufkommens beseitigt ist. Dies ist erfüllt, wenn ein Vorsteuerabzug beim Rechnungsempfänger, der Holz KG, nicht durchgeführt oder die geltend gemachte Vorsteuer von ihr an das Finanzamt zurückgezahlt worden ist. Die Berichtigung des geschuldeten Steuerbetrags muss Kästle schriftlich bei dem für ihn zuständigen Finanzamt beantragen (§ 14c Abs. 2 Sätze 3 bis 5 UStG).

Sachverhalt 2

2a) Reihengeschäft

Der Verkauf des Pflasters durch Kästle an die Kurverwaltung Bad Urach ist eine Lieferung (§ 3 Abs. 1 UStG), die im Rahmen eines Reihengeschäfts nach § 3 Abs. 6 Satz 5 UStG ausgeführt wird: Drei Beteiligte haben über das Pflaster Umsatzgeschäfte abgeschlossen und der Liefergegenstand gelangt direkt vom ersten Unternehmer (Brecher) an den letzten Abnehmer (Kurverwaltung Bad Urach).

Es liegen damit zwei Lieferungen vor: von Brecher an Kästle und von Kästle an die Kurverwaltung Bad Urach. Da die Ware aus einem Mitgliedstaat (Österreich) in einen anderen Mitgliedstaat (Deutschland) gelangt, liegt weiterhin ein innergemeinschaftlicher Erwerb vor.

Die Beförderung des Pflasters ist nur einer der beiden Lieferungen zuzuordnen (§ 3 Abs. 6 Satz 5 UStG). Da die Beförderung durch den ersten Unternehmer Brecher erfolgt, ist die bewegte Lieferung die Lieferung von Brecher an Kästle.

Lieferung Brechers an Kästle

Der Ort der Lieferung Brechers ist nach § 3 Abs. 6 Satz 1 UStG in Kufstein (Österreich). Diese Lieferung ist damit in Deutschland nicht steuerbar (§ 1 Abs. 1 Nr. 1 UStG).

(Ergänzung: Die Lieferung ist in Österreich steuerbar und dort als innergemeinschaftliche Lieferung steuerfrei.)

Innergemeinschaftlicher Erwerb Kästles

Mit dem Einkauf des Pflasters in Österreich tätigt Kästle einen innergemeinschaftlichen Erwerb im Sinne des § 1a UStG, weil die Voraussetzungen des § 1a Abs. 1 Nr. 1 bis 3 UStG erfüllt sind:

– Das Pflaster gelangt bei der Lieferung von Brecher an Kästle aus dem Gebiet eines Mitgliedstaats (Österreich) in das Gebiet eines anderen Mitgliedstaats (Deutschland),

– Kästle ist ein Unternehmer und erwirbt den Gegenstand für sein Unternehmen und

– die Lieferung wird durch einen Unternehmer (Brecher) gegen Entgelt im Rahmen seines Unternehmens ausgeführt.

Lieferung Kästles an die Kurverwaltung Bad Urach

Die Lieferung (§ 3 Abs. 1 UStG) Kästles an die Kurverwaltung ist eine der bewegten Lieferung nachfolgende sog. ruhende Lieferung. Sie wird in Bad Urach, also im Inland, ausgeführt (§ 3 Abs. 7 Satz 2 Nr. 2 UStG) und ist damit in Deutschland steuerbar (§ 1 Abs. 1 Nr. 1 UStG).

2b) Besteuerung der Umsätze Kästles

Innergemeinschaftlicher Erwerb

Der innergemeinschaftliche Erwerb Kästles (vgl. unter 2a) wird in Deutschland ausgeführt (§ 3d Satz 1 UStG). Er ist damit steuerbar (§ 1 Abs. 1 Nr. 5 UStG) und mangels einer Steuerbefreiung auch steuerpflichtig.

Die Bemessungsgrundlage (§ 10 Abs. 1 UStG) beträgt 5.000 €, die Umsatzsteuer (§ 12 Abs. 1 UStG) 950 €. Die Steuer entsteht nach § 13 Abs. 1 Nr. 6 UStG mit Ausstellung der Rechnung am 25. März 2014. Kästle muss diesen

Erwerb in der Umsatzsteuer-Voranmeldung für März 2014 erklären. In der gleichen Voranmeldung für März 2014 kann er die von ihm berechnete Umsatzsteuer in Höhe von 950 € in vollem Umfang als Vorsteuer abziehen (§ 15 Abs. 1 Satz 1 Nr. 3 UStG).

Lieferung an die Kurverwaltung

Die Lieferung an die Kurverwaltung ist in Deutschland steuerbar (vgl. unter 2a) und mangels einer Steuerbefreiung steuerpflichtig. Die Bemessungsgrundlage beträgt nach § 10 Abs. 1 UStG (8.330 € – Umsatzsteuer 19/119 aus 8.330 € =) 7.000 €. Die Umsatzsteuer (§ 12 Abs. 1 UStG) beträgt 1.330 €. Sie entsteht nach § 13 Abs. 1 Nr. 1 Buchst. a UStG mit Ablauf des Voranmeldungszeitraums, in dem die Leistung ausgeführt worden ist, also mit Ablauf März 2014. Das eingeräumte Zahlungsziel führt zu keiner späteren Entstehung der Umsatzsteuer.

2c) Behandlung Brechers in Deutschland

Brecher führt seine Lieferung in Österreich aus (vgl. unter 2a). Mit seiner in Deutschland nicht steuerbaren Lieferung unterliegt er nicht der deutschen Umsatzbesteuerung.

Da er aber für den nicht steuerbaren Umsatz Umsatzsteuer gesondert in Rechnung gestellt hat, schuldet er diese Steuer nach § 14c Abs. 1 UStG. Diese Steuer entsteht nach § 13 Abs. 1 Nr. 3 zweiter Halbsatz UStG in Höhe von 950 € im Zeitpunkt der Ausgabe der Rechnung, also im Voranmeldungszeitraum März 2014. Brecher muss diese Steuer an das für ihn zuständige deutsche Finanzamt abführen.

2d) Vorsteuerabzug aus der Rechnung Brechers

Kästle darf die in Rechnung gestellte Umsatzsteuer nicht als Vorsteuer abziehen, da es sich um keine „gesetzlich geschuldete Steuer" für eine an ihn ausgeführte Lieferung handelt (vgl. § 15 Abs. 1 Satz 1 Nr. 1 Satz 1 UStG).

Sachverhalt 3

3a) Vorsteuerabzug durch den Baustoffhandel

Kästle konnte die ihm für den Baustoffhandel im Januar 2014 in Rechnung gestellte Umsatzsteuer im Voranmeldungszeitraum Januar 2014 in vollem Umfang (17.100 €) als Vorsteuer abziehen (§ 15 Abs. 1 Satz 1 Nr. 1 UStG). Die Voraussetzung des § 15 Abs. 1 Satz 2 UStG (mindestens 10 %) unternehmerische Nutzung ist erfüllt, Anhaltspunkte für eine vorsteuerschädliche Nutzung (§ 15 Abs. 2 UStG) sind nicht gegeben.

3b) Vorsteuerabzug durch den Baustoffhandel

Da zum Unternehmen sämtliche Betriebe desselben Unternehmers gehören, bei Kästle also auch der Baustoffhandel und die Baufirma, handelt es sich bei den Geschäften zwischen Kästles verschiedenen Betrieben um nichtsteuerbare Innenumsätze (vgl. Abschnitt 2.7 Abs. 1 UStAE).

Bei der Abrechnung handelt es sich um einen innerbetrieblichen Buchungsbeleg, nicht um eine Rechnung im Sinne des § 14 UStG. Aus diesem Buchungsbeleg entsteht weder eine Umsatzsteuer noch kann Vorsteuer abgezogen werden.

3c) Berichtigung des Vorsteuerabzugs?

Der im Januar 2014 vorgenommene Vorsteuerabzug in Höhe von 17.100 € bleibt Kästle erhalten. Die Nutzung in einem anderen Unternehmensteil führt nicht zwangsläufig zu einer abweichenden Beurteilung des Vorsteuerabzugs. Erst wenn eine Nutzung des Baumaterials für Umsätze erfolgt, die den Vorsteuerabzug ausschließen (vgl. § 15 Abs. 2 UStG), kann eine Berichtigung des Vorsteuerabzugs nach § 15a UStG erforderlich sein.

Sachverhalt 4

4a) Behandlung der Firma Mlady

Die Firma Mlady führt an Kästle eine Werklieferung (§ 3 Abs. 4 UStG) aus. Es handelt sich um keine Versendungslieferung, da nach Versendungsbeginn vom Lieferanten noch Arbeiten durchgeführt werden, die die Marktgängigkeit ändern: Mlady schuldet die betriebsfertige Erstellung der Mischanlage. Eine Aufteilung der einheitlichen Werklieferung in eine Lieferung und eine sonstige Leistung ist nicht möglich.

Die Werklieferung wird in Ulm ausgeführt (§ 3 Abs. 7 Satz 1 UStG). Sie ist damit steuerbar (§ 1 Abs. 1 Nr. 1 UStG) und mangels einer Steuerbefreiungsregelung steuerpflichtig.

4b) Besteuerung der Firma Mlady

Kästle als Steuerschuldner

Da Mlady als im Ausland ansässiger Unternehmer (§ 13b Abs. 7 UStG) im Inland eine steuerpflichtige Werklieferung ausführt (§ 13b Abs. 2 Nr. 1 UStG), schuldet Kästle als Leistungsempfänger die Umsatzsteuer (§ 13b Abs. 5 Satz 1 UStG).

Die Bemessungsgrundlage (§ 10 Abs. 1 UStG) beträgt 380.000 €, die Umsatzsteuer (§ 12 Abs. 1 UStG) 72.200 €.

Die Umsatzsteuer entsteht nach § 13b Abs. 2 Satz 1 UStG mit Ausstellung der Rechnung am 16. Juni 2014, also im Voranmeldungszeitraum Juni 2014. In diesem Voranmeldungszeitraum kann Kästle auch die Umsatzsteuer in Höhe von 72.200 € als Vorsteuer abziehen (§ 15 Abs. 1 Satz 1 Nr. 4 UStG).

Rechnungsstellung durch Mlady

Da Mlady einen Umsatz im Sinne des § 13b Abs. 2 UStG ausführt, für die der Leistungsempfänger die Steuer schuldet, ist er zur Ausstellung einer Rechnung verpflichtet (§ 14a Abs. 5 Satz 1 UStG), in der die Umsatzsteuer nicht gesondert ausgewiesen ist (§ 14a Abs. 5 Satz 3 UStG).

Weil Mlady aber Umsatzsteuer gesondert in Rechnung gestellt hat, schuldet er diese Steuer nach § 14c Abs. 1 UStG. Die Steuer entsteht nach § 13 Abs. 1 Nr. 3 zweiter Halbsatz UStG in Höhe von 15.200 € im Zeitpunkt der Ausgabe der Rechnung, also im Voranmeldungszeitraum Juni 2014. Mlady muss diese Steuer an das für ihn zuständige deutsche Finanzamt abführen.

4c) Vorsteuerabzug Kästles aus der Rechnung?

Kästle darf die von Mlady in Rechnung gestellte Umsatzsteuer nicht als Vorsteuer abziehen, da es sich um keine „gesetzlich geschuldete Steuer" für eine an ihn ausgeführte Lieferung handelt (§ 15 Abs. 1 Satz 1 Nr. 1 Satz 1 UStG).

4d) Zahlung an Mlady

Wie unter 4b) ausgeführt, ist die Forderung Mladys bezüglich der zusätzlich verlangten Umsatzsteuer zu hoch. Er hätte nur 380.000 € berechnen dürfen. Kästle hätte gegenüber Mlady deutlich machen können, dass die erteilte Rechnung zu hoch ist, weil er die Besteuerung durchzuführen hat. Kästle hätte die Steuer nicht an Mlady, sondern an das Finanzamt überweisen sollen. Jetzt liegt es an Kästle, sich den zu viel bezahlten Betrag von Mlady zurückzuholen.

7   Erbschaft- und Schenkungsteuer

Bearbeitungszeit: 20 Minuten

Schwierigkeitsniveau: leicht (Bachelor, Jura)

Stichworte/Inhalte

Erbschaftsteuer

Steuerklasse, Freibeträge, Unternehmensvermögen, Verschonungsregelungen, Behaltefristen, Verwaltungsvermögen, Eigentumswohnung, Steuergestaltung bei der Erbschaftsteuer.

Sachverhalt

Max Schwarzer (65 Jahre), verwitwet, wohnt seit über 10 Jahren in einer Eigentumswohnung (150 qm; Vergleichswert: 600.000 €) in Starnberg. Er verfügt ferner über Bundesanleihen im Umfang von 400.000 € sowie einen Verlag mit einem Ertragswert von 1.000.000 €, der ein Verwaltungsvermögen von 25 % hat.

Max Schwarzer will sein Testament machen. Max will das Vermögen möglichst steuersparend an seinen Sohn Moritz (30 Jahre) und seine Nichte Alexandra (29 Jahre) zu gleichen Teilen im Todesfall übertragen.

Fragen

a) Für welche Alternative würden Sie sich – unter dem Gesichtspunkt der Erbschaftsteuerminimierung – bei der Testamentsgestaltung entscheiden?

b) Wie hoch ist in diesem Fall die Erbschaftsteuer für Alexandra und für Moritz? Erläutern Sie die Bedingungen, die Moritz und Alexandra erfüllen müssen, damit eine möglichst geringe Erbschaftsteuer entsteht!

Lösungshinweise zu Aufgabe 7

Steuerklasse, Freibeträge und Steuersätze

Der Sohn Moritz fällt unter Steuerklasse I, die Nichte Alexandra unter Steuerklasse II (§ 15 Abs. 1 ErbStG). Daher hat die Nichte wesentlich geringere persönliche Freibeträge (§ 16 ErbStG) und höhere Steuersätze. Zur Steuerminimierung für die Gestaltung des Gesamterbes ist es sinnvoll, dass möglichst viel Betriebsvermögen an denjenigen mit der entfernteren Steuerklasse vererbt wird.

Steuerfreiheit für die Eigentumswohnung

Wenn die Eigentumswohnung an Kinder vererbt wird, ist dies nach § 13 Abs. 1 Nr. 4c ErbStG steuerfrei. Daher sollte Moritz die Eigentumswohnung (< 200 qm) und die Bundesanleihe erhalten. Der Wert der Bundesanleihe beträgt 400.000 € und somit genau die Höhe des Freibetrags von 400.000 €; bei dieser Alternative ist für Moritz das gesamte Erbe frei.

Unternehmensvermögen an Nichte

Alexandra sollte den Verlag mit einem Wert von 1 Mio. € erhalten. Da das Verwaltungsvermögen 25 % beträgt, kann nur die Regelverschonung nach § 13b Abs. 4 ErbStG mit 85 %iger Freistellung in Anspruch genommen werden. Nach Abzug der 85 % verbleibt allerdings nur noch ein Wert von 150.000 €. Dieser Wert ist nach § 13a Abs. 2 ErbStG als Freigrenze (Kombination von Freibetrag und Freigrenze) in voller Höhe steuerfrei (strittig). Somit ist auch das Vererben des Verlags an Alexandra steuerfrei, sofern die Verschonungsregelungen (insbesondere die Behaltefrist von 5 Jahren; § 13a Abs. 5 ErbStG) eingehalten werden.

8 Einkommensteuer (Aufgabe A)

Bearbeitungszeit: 42 Minuten

Schwierigkeitsniveau: leicht (Basisstudium Bachelor, Jura)

Stichworte/Inhalte:

Einkommensteuer

Steuerpflicht, Gewerbliche Einkünfte, Sondervergütungen, Ausschüttungen, Teileinkünfteverfahren, Selbstständige Einkünfte, Einnahmenüberschussrechnung, Einkünfte aus Kapitalvermögen, Pauschbetrag, Abgeltungsteuer, Versorgungsbezüge, Versorgungsfreibetrag, Rentenfreibetrag, Private Veräußerungsgeschäfte, Summe der Einkünfte, Altersentlastungsbetrag, Gesamtbetrag der Einkünfte, Vorsorgeaufwendungen, Günstigerprüfung, Kirchensteuer, Sonderausgaben, Einkommen.

Sachverhalt

Thomas Sitte, geb. 30.06.1948, wohnt mit seiner Ehefrau Nicole, die am 23.03.1954 geboren wurde, in Pforzheim. Sie werden zusammen veranlagt. Aus den Büchern und Unterlagen ergibt sich für 2014 Folgendes:

1) Der Ehemann ist an einem Handelsgeschäft in Pforzheim als atypischer stiller Gesellschafter an Gewinn und Verlust sowie an den stillen Reserven beteiligt. Sein Gewinnanteil hat 2014 15.516 € betragen.

2) Die Ehefrau ist an einer KG als Kommanditistin zu 25 % beteiligt. Ihr Gewinnanteil hat für das Wirtschaftsjahr 2014 7.500 € betragen. Die KG hat an die Ehefrau eine Vergütung von 2.000 € für die Überlassung eines Grundstücks gezahlt. Dieser Betrag ist als Betriebsausgabe abgesetzt worden. Frau Sitte hat für das Grundstück Grundsteuer in Höhe von 100,00 € und Schuldzinsen in Höhe von 1.350 € bezahlt.

3) Die Ehefrau ist als Journalistin selbstständig tätig. Sie hat aus dieser Tätigkeit in 2014 20.000 € vereinnahmt. Die abzugsfähigen Ausgaben haben in diesem Zeitraum 9.000 € betragen (Gewinnermittlung nach § 4 Abs. 3 EStG).

4) Ausgeschütteter Gewinnanteil aus einer Beteiligung der Ehefrau an einer GmbH (nach Abzug der Kapitalertragsteuer) 3.600 €. Die Beteiligung wird im Sonderbetriebsvermögen der KG (siehe 2) gehalten. Für die Beteiligung sind Finanzierungsaufwendungen in Höhe von 1.300 € entstanden und abgeflossen.

5) Zinsen (nach Abzug der Kapitalertragsteuer) sind auf dem Sparkonto der Ehefrau in Höhe von 2.352 € zugeflossen, wobei die Ehegatten über den Freistellungsantrag den vollständigen Sparer-Pauschbetrag ausgenutzt haben.

6) Der Steuerpflichtige hat als früherer Angestellter eine Betriebsrente von 500,00 € je Monat bezogen. Die Rente wurde erstmalig im Juli 2013 an ihn ausbezahlt. Daneben erhält Thomas Sitte seit dem 1.7.2013 monatlich 400,00 € von der gesetzlichen Rentenversicherung.

7) Der Steuerpflichtige hat am 01.12.2008 Aktien für 450 € erworben. Er hat diese Aktien (Privatvermögen; Anteilsquote < 0,1 %) am 2.1.2014 für 1.000 € wieder verkauft. Durch den An- und Verkauf sind ihm Kosten in Höhe von 60 € entstanden. Weitere Verkäufe von Wertpapieren haben Thomas und Nicole Sitte im Jahr 2014 nicht getätigt.

8) Der Steuerpflichtige hat am 01.07.2006 in Ulm einen Bauplatz für 30.000 € erworben. Er hat diesen Bauplatz am 15.06.2014 für 37.500 € wieder verkauft. Für den Steuerpflichtigen fielen Maklergebühren in Höhe von 1.500 € an.

9) Jutta Sitte hat für ihre Kranken- und Pflege(pflicht)versicherungen 3.000 € ausgegeben, von denen 2.700 € auf den Mindeststandard entfallen. Die abgeflossenen Kranken- und Pflegeversicherungsbeiträge (Mindeststandard) von Thomas Sitte betragen 1.900 €, wobei Thomas Sitte Ansprüche i. S. d. § 3 Nr. 14 EStG hat. Daneben hat Nicole Sitte für eine private Rentenversicherung (Rürup-Rente ohne Kapitalwahlrecht) Ausgaben in Höhe von 3.500 € getätigt.

10) Das Ehepaar Sitte hat im Jahr 2014 Kirchensteuervorauszahlungen in Höhe von 2.000 € geleistet. Im Oktober 2014 ist den Eheleuten eine Kirchensteuererstattung (500 €) für das Jahr 2014 überwiesen worden.

Aufgaben

Berechnen Sie das Einkommen der Eheleute Sitte für 2014!

Erläutern Sie die Höhe der Abgeltungsteuer! Der Solidaritätszuschlag und die Kirchensteuer sind bei der Kapitalertrag- bzw. Abgeltungsteuer zu vernachlässigen!

Lösungshinweise zu Aufgabe 8

Die Eheleute Sitte sind aufgrund ihres Wohnsitzes im Inland (Pforzheim) unbeschränkt einkommensteuerpflichtig (§ 1 Abs. 1 EStG) (alle Angaben in €).

Einkünfte aus Gewerbebetrieb (§ 15 EStG)

- Atypische stille Beteiligung (Nr. 1)		15.516
- KG-Anteil-Ehefrau – Gewinnanteil (Nr. 2)		7.500
- Sondervergütung Lagerplatz		
Sonderbetriebseinnahmen:	2.000	
Sonderbetriebsausgaben:	1.450	
		550
		23.566

GmbH-Anteil im Sonderbetriebsvermögen (Nr. 4):

Die Ausschüttung gilt als Sonderbetriebseinnahme.

→ Einkünfte nach § 15 EStG

→ Keine Abgeltungsteuer

→ Teileinkünfteverfahren

→ Kein Pauschbetrag nach § 20 Abs. 9 EStG

Netto	3.600	
KapESt (25/75)	1.200	
(Brutto-)Ausschüttung	4.800	
davon sind 60 % steuerpflichtig (§ 3 Nr. 40 EStG)	2.880	
./. Finanzierungskosten (§ 3c Abs. 2 EStG: 60 %)	780	
Einkünfte nach § 15 EStG aus der Ausschüttung		2.100
Gesamte Einkünfte nach § 15 EStG:		25.666

Einkünfte aus selbstständiger Arbeit (§ 18 EStG)

Selbstständige Journalistin (Nr. 3)

Einnahmen:	20.000	
./. Betriebsausgaben:	9.000	
Einkünfte nach § 18 EStG		11.000
Zwischensumme:		36.666

Übertrag Zwischensumme:		36.666

Einkünfte aus nichtselbstständiger Arbeit (§ 19 EStG)

Versorgungsbezüge (Ehemann 66 Jahre; Nr. 6):

Einnahmen:	6.000	
./. Versorgungsfreibetrag (§ 19 Abs. 2 EStG: Basis ist das Jahr des Versorgungsbeginns also 2013: 27,2 %)	1.632	
./. Zuschlag zum Versorgungsfreibetrag (Basis ist 2013)	612	
./. Pauschbetrag (§ 9a Nr. 1b EStG)	102	
		3.654

Einkünfte aus Kapitalvermögen (§ 20 EStG)

Sparbuch:

Zinsen nach Kapitalertragsteuer (= 75 %):	2.352	
./. Sparer-Pauschbetrag (ZV; § 20 Abs. 9)	1.602	
Zwischensumme (Netto):	750	
+ KapESt (25/75):	250	
Erhaltene Zinsen: 1000 € + 1.602 € =	2.602	

Steuerpflichtige Zinsen: 1.000 €

→ Abgeltungsteuer: 250 (= 0,25 x 1000; KapESt)
→ keine Erfassung bei den Einkünften und dem Einkommen (§ 2 Abs. 5b EStG)

Sonstige Einkünfte (§ 22 EStG)

Renteneinkünfte

Gesetzliche Rente: 12 x 400 =	4.800	
./. Steuerfreier Anteil		
(34 % für 2013; Rentenbeginn):	1.632	
Zwischensumme:	3.168	
Renten-Pauschbetrag (§ 9a Nr. 3):	102	
Renteneinkünfte nach § 22 EStG		3.066
Zwischensumme		43.386

Übertrag Zwischensumme 43.386

Private Veräußerungsgeschäfte (§ 23 EStG):

Verkauf der Wertpapiere (Nr. 7) außerhalb der
(alten) Spekulationsfrist (12 Monate):

Es gilt noch die Altregelung → keine Steuerpflicht

Bauplatzverkauf (Nr. 8) innerhalb von 10 Jahren → steuerpflichtig
Veräußerungsgewinn:

37.500 ./. 30.000 (Anschaffungskosten)./.1.500 =   6.000

Summe der Einkünfte   49.386

./. Altersentlastungsbetrag § 24a EStG
    (Ehemann, 66 Jahre; ohne § 19 Abs. 2 EStG und
    § 22 Nr. 1 Satz 3a)aa) EStG;
    positive Einkünfte des Ehemanns: 21.516 ;
    davon 27,2 %: 5.852,35; Anwendung der Werte
    des Jahres 2013; maximal aber)   1.292

Gesamtbetrag der Einkünfte   48.094

*Sonderausgaben (Günstigerprüfung: altes Recht anwendbar;
§ 10 Abs. 4a EStG)*

(nach neuem Recht wären nur 0,78 x 3.500 [Altersvorsorgeaufwendungen]
+ 4.700 € (Pauschalen nach § 10 Abs. 4 Sätze 1 und 2 EStG: 2.800 € +
1.900 € [Mindeststandard ist mit 4.600 € niedriger] = 7.430 € abziehbar)

Altes Recht:

Variante 1: Vorsorgeaufwendungen (mit Erhöhungsbetrag);
§ 10 Abs. 4a Satz 1 EStG;

Kranken- und Pflegeversicherungsbeiträge:	4.900
Vorwegabzug (§ 10 Abs. 3 Nr. 2 EStG a. F.; voll)	3.600
Grundhöchstbetrag (Nr. 1a. F.: 2.668, maximal Rest)	1.300
Summe:	4.900

Erhöhungsbetrag: 0,78 x 3.500 =   2.730

Variante 1: altes Recht: 7.630

Variante 2: Vorsorgeaufwendungen (volle Berücksichtigung); § 10 Abs. 4a Satz 2 EStG; 3.500 + 4.950:   8.450

Vorwegabzug (§ 10 Abs. 3 Nr. 2 EStG a. F.; voll)   3.600

Grundhöchstbetrag (Nr. 1a. F.: 2.668, maximal Rest)   2.668

Rest 2.182 davon 50 % (max. 1.334)   <u>1.091</u>

Variante 2: altes Recht :   7.359

Gesamtbetrag der Einkünfte	48.094
./. Abzugsfähige Vorsorgeaufwendungen nach	
Variante 1 des alten Rechts (Günstigerprüfung)	7.630
./. Kirchensteuer (2.000 ./. 500 Erstattung)	<u>1.500</u>
Einkommen	<u>**38.964**</u>

9   Einkommensteuer und Umsatzsteuer (Einnahmen-/Ausgaben-Rechnung)

Bearbeitungszeit: 45 Minuten

Schwierigkeitsniveau: mittel (Bachelor, Jura, Masterstudium)

Stichworte/Inhalte

Einkommensteuer; Umsatzsteuer; Gewinnermittlung

Einnahmenüberschussrechnung, Vereinnahmte Entgelte, Leistungsaustausch, Schadenersatz, Innergemeinschaftlicher Erwerb, Vorsorgeaufwendungen, Umsatzsteuervorauszahlungen, Umsatzsteuer-Zahllast, Summe der Einkünfte, Zu versteuerndes Einkommen.

Sachverhalt

Emil Lustig (ledig, 40 Jahre alt, konfessionslos) betreibt in Karlsruhe ein Architekturbüro. Er ermittelt seinen Gewinn nach § 4 Abs. 3 EStG und ist voll zum Vorsteuerabzug berechtigt. Die Umsatzsteuer wird nach § 20 UStG ermittelt.

Für das laufende Kalenderjahr hat er einen vorläufigen Gewinn i. H. v. 79.000 € ermittelt. Dabei ist er sich nicht sicher, ob folgende Geschäftsvorfälle richtig erfasst worden sind:

1.   Anschaffung eines Personal-Computers:

Am 2. Januar des laufenden Jahres hat Lustig einen PC und DVDs angeschafft. Dabei hat er vom Verkäufer folgende Rechnung erhalten, die am 20. Januar bezahlt worden ist:

	Listenpreis:	1.500 €
+	200 DVDs	100 €
=	Zwischensumme	1.600 €
+	19 % Umsatzsteuer	304 €
=	**Gesamtpreis**	**1.904 €**

Der PC wird nur betrieblich genutzt. Es wird mit einer nicht zu beanstandenden betriebsgewöhnlichen Nutzungsdauer von 3 Jahren gerechnet. Sonderabschreibungen sollen nicht vorgenommen werden. Lustig hat die vorliegende Rechnung noch nicht in den Büchern erfasst!

2. Schadensersatzansprüche:

Für drohende Schadensersatzansprüche wegen mangelhafter Architektenleistungen des laufenden Jahres hat Lustig eine Rückstellung in Höhe von 1.000 € berücksichtigt und diese als Betriebsausgabe erfasst. Diese Vorsichtsmaßnahme ist auch der Höhe nach begründet, da Lustig im März des folgenden Jahres einen Vergleich mit den Anspruchsberechtigten in Höhe von 1.000 € abgeschlossen hat. Diesen Betrag überweist er im April des folgenden Kalenderjahres.

3. Verkauf eines gebrauchten Pkw an einen Franzosen:

Lustig verkauft an einen Franzosen (Privatperson) mit Wohnsitz in Metz einen älteren Pkw, der in den Büchern des Betriebs aufgrund seiner bisherigen betrieblichen Nutzung mit einem Restbuchwert von 1 € geführt wird, gegen eine Zahlung von 952 €. Lustig stellt dem Franzosen, der sich den Wagen in Karlsruhe abholt, keine Rechnung aus, da er der Auffassung ist, dass der Verkauf an eine Privatperson eine Rechnung nicht erfordert. Die Zahlung von 952 € nimmt er bar entgegen. Eine buchhalterische Erfassung nimmt er nicht vor!

4. Versicherung:

Am 28. Dezember des laufenden Jahres hat Lustig für eine neu abgeschlossene Berufshaftpflichtversicherung die Prämie des folgenden Kalenderjahres in Höhe von 370 € überwiesen und als Betriebsausgabe erfasst.

5. Steuerzahlungen:

Vom Finanzamt Karlsruhe erhält Lustig am 2. Mai des laufenden Jahres den ESt-Bescheid des Vorjahres. Er erhält im Mai eine ESt-Erstattung von 1.500 € auf sein betriebliches Konto überwiesen. Lustig erfasst den Vorgang als Betriebseinnahme. Am 15. Mai des laufenden Jahres überweist Lustig für das Vorjahr aufgrund seiner Vorjahres-USt-Erklärung an das Finanzamt eine USt-Nachzahlung in Höhe von 250 € vom betrieblichen Konto, was ebenfalls als Betriebsausgabe erfasst wird.

6. Lebens- und Krankenversicherungsbeiträge:

Am 1. Juli des laufenden Jahres überweist Lustig Lebensversicherungsbeiträge (Rentenversicherung ohne Kapitalwahlrecht) in Höhe von 3.500 € sowie Krankenversicherungsbeiträge in Höhe von 1.500 € vom betrieblichen Konto. Da er der Auffassung ist, dass diese Versicherungen der Risikovorsorge dienen, hat er die Überweisung als Betriebsausgabe erfasst.

7. Unfertige Architektenleistungen und Forderungen:

Lustig hat am 31. Dezember des laufenden Jahres verschiedene Architektenleistungen noch nicht fertiggestellt. Die steuerrechtlichen Herstellungskosten in Höhe von 2.500 € werden „aktiviert" und als Betriebseinnahme erfasst.

Ebenso bucht Lustig die Forderung gegenüber einem Bauherrn in Höhe von 5.950 € (inklusive 19%iger USt) als Betriebseinnahme, obwohl ihm bekannt ist, dass der Bauherr schon am 31. Dezember des laufenden Jahres in einer schwierigen finanziellen Lage war und im Januar des folgenden Jahres Insolvenz angemeldet hat. Es ist mit einer Insolvenzquote von 40 % zu rechnen.

8. Umsatzsteuervorauszahlungen:

Lustig hat außer den dargelegten Vorgängen im laufenden Geschäftsjahr umsatzsteuerpflichtige Umsätze von 100.000 € (netto) gehabt, die korrekt als Betriebseinnahmen erfasst wurden. Daneben hat er die Umsatzsteuer aus der Forderung (Nr. 7) im Rahmen der Voranmeldung berücksichtigt. Daraus resultiert bei den Voranmeldungen eine Umsatzsteuer von 19.950 €.

Als Vorsteuern konnten – ohne die Vorgänge Nr. 1 bis 7 – 5.000 € geltend gemacht werden. Außerdem wurde aufgrund der Vorgänge Nr. 1 bis 7 keine Vorsteuer im Rahmen der Voranmeldungen abgezogen. Die ermittelte Umsatzsteuer -Schuld von 14.950 € hat Lustig in 4 Teilbeträgen vom privaten Konto im laufenden Jahr (4. Quartal, 29. Dezember) überwiesen. Bei der Gewinnermittlung hat er diesen Vorgang nicht berücksichtigt, da das betriebliche Konto nicht betroffen war.

Fragen

a) Welche Einkunftsart(en) hat Lustig?

b) Ermitteln Sie die Summe der Einkünfte von Lustig! Erläutern Sie dabei die einkommensteuerlichen Folgen der Geschäftsvorfälle Nr. 1 bis 8. Geben Sie jeweils die Änderungen von der Ausgangsgröße je Geschäftsvorfall mit Begründung der jeweiligen Rechtsgrundlage an!

c) Wie hoch ist das zu versteuernde Einkommen von Lustig (Berechnung)?

d) Welche USt-Schuld bzw. Erstattung ergibt sich bei der Jahreserklärung von Lustig? Erläutern Sie die Abweichungen von den USt-Voranmeldungen mit Begründung (§§)!

Lösungshinweise zu Aufgabe 9

a)

Es handelt sich um Einkünfte aus selbstständiger Arbeit (§ 18 EStG).

b)

Einnahmen-Ausgaben-Rechnung (§ 4 Abs. 3 EStG), vereinnahmte Entgelte (§ 20 UStG) (alle Angaben in €)

1. Anschaffung eines Personal-Computers:

Betriebsvermögen:
Anschaffungskosten (netto) des PCs erfolgsneutral (keine Ausgabe)
→ Berücksichtigung über AfA

Die Umsatzsteuer in Höhe von 285 € ist als Betriebsausgabe zu erfassen!

Die DVDs sind eigene Wirtschaftsgüter (Umlaufvermögen oder geringstwertige Anlagegüter).

→ sofortiger Aufwand: 100 € + 19 % (USt) = 119 €

AfA-Basis: 1.500/3 = 500 (linear); AfA = Betriebsausgabe

Zusätzlicher Aufwand: 285 + 119 + 500 =   − 904

2. Schadenersatzansprüche:

Keine Berücksichtigung, da bei § 4 Abs. 3 EStG keine Rückstellungen gebildet werden können; Zahlung im folgenden Jahr

→ wegen Aufwandserfassung:

Ergebniserhöhung: + 1.000

3. Verkauf eines gebrauchten Pkw an einen Franzosen:

Betriebseinnahme (ggfs. Entnahme)	952
Betriebsausgabe (Buchwert)	– 1
Ergebniserhöhung	+ 951

Umsatzsteuerpflichtiger Vorgang, da Alt-Pkw (Betriebsvermögen) und Übergabe in Karlsruhe, Empfänger Privat-Person; betriebliche Sphäre; Umsatzsteuer: 152 € ist erst im Rahmen der Umsatzsteuer-Abführung zu erfassen.

4. Versicherung:

Es handelt sich um eine wiederkehrende Leistung, § 11 EStG, kurz vor dem Stichtag; gehört wirtschaftlich ins nächste Jahr.

→Ergebniserhöhung   + 370

5. Steuerzahlungen:

ESt: Keine Betriebseinnahme (§ 12 Nr. 3 EStG analog) –
Einlage: 1.500 €; Umsatzsteuer richtig, da Betriebsausgabe
insgesamt: Ergebnisminderung aus Einlage (siehe oben)   – 1.500

6. Lebens- und Krankenversicherungsbeiträge:

Sonderausgaben: keine Betriebsausgabe
Ergebniserhöhung: + 5.000

7. Unfertige Architektenleistungen und Forderungen

Keine Aktivierung (§ 4 Abs. 3 EStG, keine Bilanzierung von Vorräten und Forderungen; keine Berücksichtigung der Insolvenz, da noch keine Einnahme)

Ergebnisminderung: – 8.450

8. Umsatzsteuervorauszahlungen

Gezahlte Umsatzsteuer aus Voranmeldungen ist
Betriebsausgabe Ergebnisminderung   – 14.950

Summe der Einkünfte in €:

Ausgang:	79.000
1.	– 904
2.	+ 1.000
3.	+ 951
4.	+ 370
5.	– 1.500
6.	+ 5.000
7.	– 8.450
8.	– 14.950
Gesamt	60.517

c) **Berücksichtigung der Versicherungsbeiträge (Nr. 6)**
   als Sonderausgaben (§ 10 EStG) bei der Ermittlung des z. v. E.

Neues Recht (Annahme Jahr 2014) (alle Angaben in €)

Altersvorsorgeaufwendungen (§ 10 Abs. 3 EStG): 0,78 x 3.500 =	2.730
Sonstige Vorsorgeaufwendungen (Krankenversicherung), maximal 2.800 (§ 10 Abs. 4 EStG), tatsächliche Aufwendungen aber nur	1.500
Abziehbar nach neuem Recht (entspricht auch Ergebnis nach § 10 Abs. 4a Satz 1 EStG)	4.230

→ Günstigerprüfung: Altes Recht nach § 10 Abs. 4a Satz 2 EStG
  ist nicht anzuwenden:

Vorwegabzug (§ 10 Abs. 3 Nr. 2 EStG)	1.800
Rest: 5.000 – 1.800 = 3.200	
+ 1. Grundhöchstbetrag (Nr. 1)	1.334
Rest: 1.866/2 = 933	
+ höchstens hälftiger Grundhöchstbetrag (Nr.4)	667
Abziehbar nach altem Recht (Abs. 4a Satz 2):	3.801

Summe der Einkünfte	60.517
./. Vorsorgeaufwendungen nach neuem Recht	4.230
./. Sonderausgabenpauschale (§ 10c Abs. 1 EStG)	36
zu versteuerndes Einkommen	56.251

d)

Umsatzsteuer (§ 20: vereinnahmte Entgelte) (alle Angaben in €)

USt auf 100.000 (19 %)	19.000
Beachte: Keine Erfassung der USt aus Rechnung (Nr. 7)	0
USt auf gebrauchten Pkw (19/119 von 952 = 152; siehe b, 3)	152
./. Vorsteuer	5.000
./. Vorsteuer PC, DVDs (Nr. 1)	304
→ Summe USt-Schuld	13.848
./. USt-Vorauszahlungen	14.950
USt-Erstattung (Rest)	– 1.102

10 Steuerbilanzrecht, Einkommen- und Gewerbesteuer

Bearbeitungszeit: 45 Minuten

Schwierigkeitsniveau: mittel (Bachelor, Jura)

Stichworte/Inhalt

Einkommensteuer; Gewerbesteuer; Gewinnermittlung

Gewerbliche Einkünfte, Additive Gewinnermittlung, Steuerbilanzrecht, Sondervergütungen, Sonderbetriebseinnahmen, Sonderbetriebsausgaben, Nichtabziehbare Betriebsausgaben, Bilanzsteuerrechtliche Differenzen, Disagio, Teilwertabschreibungen, Gebäudeabschreibungen, Vermietung, Dividenden, Hinzurechnungen, Kürzungen.

Sachverhalt

Max Poldi und seine Ehefrau Jasmin (Güterstand: Zugewinngemeinschaft) haben eine Fußballartikel OHG zum 1.1.2011 in Pforzheim (Baden; gewerbesteuerlicher Hebesatz: 380 %; gleichzeitig Wohnort der Eheleute Poldi) gegründet. Max ist an der OHG zu 60 %, Jasmin zu 40 % am Gewinn und Verlust der Gesellschaft beteiligt.

Das im Jahr 2014 vom Verkäufer hergestellte Verwaltungs- und Lagergebäude (einschl. Grund und Boden) ist von der Ehefrau Jasmin (= Bauherrin) am 30.6.2014 für 1 Mio. € zuzüglich Grunderwerbsteuer gekauft worden. Die Notar- und Grundbuchkosten für den Erwerb des Gebäudes betrugen 15.000 €. Auf den anteiligen Grund und Boden entfallen 20 % des Kaufpreises.

Das Verwaltungs- und Lagergebäude wurde zum 30.6.2014 fertig gestellt und ab 1.7.2014 an die OHG vermietet. Das Gebäude wird nach § 7 Abs. 4 EStG abgeschrieben. Zur Finanzierung des Kaufpreises wurde zum 1.7.2014 ein Darlehen (Zinssatz 5 %; keine laufende Tilgung) mit einer Darlehenssumme von 800.000 € aufgenommen. Es erfolgte eine Zinsfestschreibung von 10 Jahren. Bei der Auszahlung der Darlehenssumme wurde ein Disagio von 6 % der Darlehenssumme einbehalten. Zusätzlich zum Disagio sind 20.000 € an Zinsen angefallen.

Die OHG ermittelt den Gewinn nach § 5 Abs. 1 EStG. Der vorläufige handelsrechtliche Gewinn des Jahres 2014 wird aus den folgenden Daten der vorläufigen Gewinn- und Verlustrechnung abgeleitet (alle Angaben in €):

Umsatzerlöse (netto)	1.145.000
Aktivierte Eigenleistung eines selbstgeschaffenen Mode-Geschmacksmusters des Anlagevermögens für die Frauen-Fußball-Nationalmannschaft	30.000
Wareneinsatz (netto)	362.000
Personalaufwand (darunter Geschäftsführergehalt für Max: 120.000 €)	250.000
Ortsübliche Miete an seine Ehefrau für das Verwaltungs- und Lagergebäude der OHG vom 1.7. bis zum 31.12.2014	36.000
Bruttodividende auf im Betriebsvermögen gehaltene Aktien der Event-Gaudi AG (Anteil 20 % des Nennkapitals der AG; Sitz in Stuttgart, Kalenderjahr = Wirtschaftsjahr)	20.000
Rechtsberatungskosten für die Anteile an der Event-Gaudi AG	16.000
Zinsen für ein Darlehen bei der Sparkasse Karlsruhe	120.000
Leasingraten für Möbel, EDV und Maschinen	30.000
Bewirtungsaufwendungen (netto)	800
Sonstige betriebliche Aufwendungen	40.440
Vorläufiger Gewinn vor Ertragsteuern	**339.760**

Anmerkungen

–   Für die Miete, die dem Drittvergleich standhält, ist ein schriftlicher Vertrag abgeschlossen worden. Die sonstigen formellen Voraussetzungen für die Anerkennung derartiger Verträge sind erfüllt (Überweisungen etc.).

–   Das Geschmacksmuster wurde handelsrechtlich noch nicht abgeschrieben.

Aufgaben

a) Ermitteln Sie für die OHG die Bemessungsgrundlage und Höhe der Gewerbeertragsteuer unter der Annahme, dass der Gewerbeertrag minimiert werden soll!

b) Ermitteln Sie den Gesamtgewinn der OHG und weisen Sie den beiden Gesellschaftern die jeweiligen gewerblichen Einkünfte zu (Erstellung der sog. additiven Gewinnermittlung)!

Lösungshinweise zu Aufgabe 10

a)

Die OHG ist gewerbesteuerpflichtig nach § 2 Abs. 1 Sätze 1 u. 2 GewStG i. V. m. § 15 EStG.

Die Ermittlung des Gewerbeertrags erfolgt nach den einkommensteuerlichen Vorschriften (§ 7 Abs. 1 Satz 1 GewStG). Die Ermittlung des einkommensteuerlichen Gewinns der OHG erfolgt auf der Basis der additiven Gewinnermittlung. Danach sind neben den bilanzsteuerrechtlichen Korrekturen bei der Gesellschaft auch die Ergebnisse aus den Sonderbilanzen zu erfassen.

Das Gebäude, das von Jasmin Poldi an die OHG vermietet wird, stellt bei ihr Sonderbetriebsvermögen (I) dar; die damit zusammenhängenden Schulden sowie das Disagio sind ebenfalls Sonderbetriebsvermögen. Eine Betriebsaufspaltung liegt nicht vor, da Jasmin Poldi nur mit 40 % an der OHG beteiligt ist.

Für die Sonderbilanz von Jasmin Poldi und für die Abschreibung des Gebäudes sind zunächst die Anschaffungskosten des Gebäude sowie des Grund und Bodens zu ermitteln:

1.000.000 € + 35.000 € GrESt (3,5 %) + 15.000 € = 1.050.000 €

Grund und Boden 210.000 €, Gebäude 840.000 €

Sonderbilanz Jasmin Poldi 1.7.2014 (nicht gefragt) in €

Grund u. Boden	210.000	Sonderkapital	298.000
Gebäude	840.000	Darlehen	800.000
Disagio	48.000		

Da es sich um Sonderbetriebsvermögen handelt, gilt für die AfA (§ 7 Abs. 4 Nr. 1 EStG) der Satz von 3 %.

3 % von 840.000 €: 0,03 x 840.000 € = 25.200 €/Jahr

Die AfA darf aber nur für 6 Monate berücksichtigt werden.

AfA (1/2 Jahr): 25.200 € x 0,5 = 12.600 €

Das Disagio ist nach § 5 Abs. 5 EStG auch zwingend in der Sonderbilanz zu aktivieren. Die anteilige Auflösung des Disagios ergibt sich wie folgt:

48.000 €/10 (Jahre) x ½ (halbes Jahr) = 2.400 €

Bei der Überleitung auf den bilanzsteuerrechtlichen Gewinn ist zu beachten, dass das selbstgeschaffene Geschmacksmuster des Anlagevermögens nach § 5 Abs. 2 EStG nicht aktiviert werden darf, d. h., dass der Gewinn entsprechend zu reduzieren ist.

Bei der additiven Gewinnermittlung ist für die Dividende das Teileinkünfteverfahren zu beachten.

Die Ermittlung des Gewerbeertrags ergibt sich aus der folgenden Übersicht:

	€
Handelsrechtlicher Gewinn vor Steuern	339.760
./. Aktivierung des selbstgeschaffenen Geschmacksmusters des Anlagevermögens (Aktivierungsverbot nach § 5 Abs. 2 EStG)	30.000
Bilanzsteuerrechtlicher Gewinn	309.760
./. steuerfreie Dividenden (40 %, § 3 Nr. 40 EStG)	8.000
+ nichtabzugsfähige Rechtsberatungskosten (§ 3c Abs. 2 EStG)	6.400
+ Bewirtungsaufwendungen (30 % netto; § 4 Abs. 5 Nr. 2 EStG; ohne Vorsteuer nach § 15 Abs. 1a Nr. 1 Satz 2 UStG)	240
Gewinn der Gesellschaft	308.400
Max Sondervergütung Geschäftsführer-Gehalt	120.000
Jasmin – Sonderbetriebseinnahmen Miete	36.000
Sonderbetriebsausgaben	
Zinsen	– 20.000
Disagio	– 2.400
AfA (3 % von 840.000 x 6/12)	– 12.600
Gewinn der additiven Gewinnermittlung	429.400

Gewerbesteuerliche Modifikationen

./. Zinsen Sparkasse (§ 8 Nr. 1a GewStG)	120.000	
Hinzurechnung Zinsen SBV (20.000 + 2.400; § 8 Nr. 1a GewStG)	22.400	
20 % Leasingraten Mobilien (§ 8 Nr. 1d GewStG)	6.000	
Zwischensumme		148.400
./. Freibetrag		100.000
Zwischensumme		48.400

Übertrag Zwischensumme:	*48.400*	
Hiervon 25 %		12.100
./. Kürzung Dividende : Beteiligung ≥ 15 % (12.000 ./. 9.600; § 9 Nr. 2a GewStG)		2.400
Gewerbeertrag (vor Freibetrag)		439.100
Freibetrag (§ 11 Abs. 1 Nr. 1 GewStG)		24.500
		414.600

Gewerbesteuermessbetrag (414.600 € x 0,035) = 14.511 €

Endgültige Gewerbesteuer: 14.511 € x 3,8 = 55.141,80 €

b)

Gewinn der Gesellschaft: 308.400 €

Verteilung der einzelnen Gewinne auf die Gesellschafter (in €):

	Max	Jasmin
Gewinn je Gesellschafter	185.040	123.360
Sondervergütungen	120.000	1.000
Gewerbliche Einkünfte	305.040	124.360

Einkünfte der Eheleute nach § 15 EStG (Gesamtgewinn): 429.400 €

11 Steuerbilanzrecht und Gewerbesteuer*

Bearbeitungszeit: 90 Minuten

Schwierigkeitsniveau: mittel (Bachelor, Jura)

Stichworte/Inhalte:

Gewinnermittlung; Gewerbesteuer

Nichtabziehbare Betriebsausgaben, Sachgeschenke, Forderungen, Abzinsung, Grundstücke, Veräußerungen, Rücklage nach § 6b EStG, Dividenden, Teileinkünfteverfahren, Kapitalertragsteuer, Einlage, Verbindlichkeit, Unverzinslichkeit, Patente, Pkw, Hinzurechnungen, Kürzungen.

Sachverhalt

Ludwig van Goal (LvG) betreibt ein Einzelunternehmen in München/Giesing (Hebesatz 490 %). Zweck seines Unternehmens ist der Handel mit holländischen Produkten, vor allem Käse, Tulpen und Tomaten. Die Firma hatte er bereits 1960 gegründet. Van Goal ist im Handelsregister eingetragen und unterliegt den Vorschriften des HGB. Das Wirtschaftsjahr entspricht dem Kalenderjahr. Die Umsätze werden nach vereinbarten Entgelten versteuert, die Vorsteuer ist in voller Höhe abziehbar.

Die vorläufige Bilanz, die sein Buchhalter Udo Hennes erstellt hat, weist einen vorläufigen Handelsbilanzgewinn von 160.000 € aus. Darin sind u. a. Zinsaufwendungen für Darlehen in Höhe von 120.000 € enthalten. Mietaufwendungen für unbewegliche WG sind in Höhe von 60.000 € enthalten. Gewerbesteuervorauszahlungen wurden mit 10.000 € gewinnmindernd berücksichtigt.

---

* Für die Überlassung der (etwas modifizierten) Klausur danke ich Frau **Prof. Dr. Ingrid C. Huber-Jahn**, Fachhochschule München – Fakultät Betriebswirtschaft, sehr.

Vorläufige Handelsbilanz zum 31.12.2014 (in €)

Aktiva		Passiva	
Sonstiges AV	295.000	Eigenkapital	10.000
Umlaufvermögen	131.000	Gewinn	160.000
Bank	240.000	Verbindlichkeiten LuL	20.000
Kasse	15.000	Verbindlichkeiten Bank	280.000
Aktive RAP	9.000	Sonst. Verbindlich-keiten/Passive RAP	20.000
		§6b-Rücklage	200.000
	690.000		690.000

Folgende Sachverhalte sind **bisher nicht bzw. unzureichend erfasst:**

1. Aufgrund von Zahlungsschwierigkeiten musste LvG 2013 ein Lager-grundstück samt aufgebauter Lagerhalle verkaufen. Den Gewinn stellte er in eine § 6b EStG-Rücklage ein. Von der Rücklage entfallen je 100.000 € auf das Grundstück und auf das Gebäude. Da sich die Ge-schäfte mit seinen Waren prächtig entwickelt haben, braucht er ein neues Grundstück. Nach kurzer Zeit findet er ein passendes unbebautes Grundstück am Rande Münchens. Der Kaufpreis beträgt 300.000 € (Einheitswert 1964: 50.000 €). Vorerst möchte LvG lediglich die eintref-fenden Container auf dem Grundstück abstellen. In den nächsten Jahren plant er jedoch den Bau einer größeren Lagerhalle. Den Kaufvertrag un-terschreibt LvG am 30.06.14, Nutzen und Lasten gehen lt. Kaufvertrag am 01.07.2014 auf LvG über. Die Kaufpreiszahlung erfolgte ebenfalls am 01.07.2014. Der Vorfall wurde bisher nicht gebucht.

2. Seit ein paar Jahren besitzt LvG 22 % der Anteile an der Aachner Tulpen Ex- und Import AG, da er sich davon Vorteile für sein Geschäft ver-sprach. Die Geschäfte der AG florierten die letzten Jahre, sodass LvG für das Jahr 2013 am 19.09.2014 30.000 € (= Nettodividende) auf sein Konto überwiesen bekam. Die von der AG einbehaltene Kapitalertrag-steuer wurde als Aufwand verbucht, 30.000 € wurden als Ertrag berück-sichtigt.

3. LvG hat seinen alten guten Schulfreund Daniel van Leuten seit 10 Jah-ren als Arbeitnehmer beschäftigt. Da Daniel in der Neujahrsnacht bei Glatteis seinen fremdfinanzierten Ferrari zu Schrott gefahren hat und da-

für keine Versicherungserstattung erhalten hat, steckte Daniel in Zahlungsschwierigkeiten. Daher hat LvG Daniel am 1.2.2014 den Darlehensbetrag in Höhe von 50.000 € geliehen. Aufgrund seiner langjährigen Verdienste für die Firma, verlangte LvG auch keine Zinsen. Am 1.2.14 hat er das Geld an Daniel van Leuten überwiesen. Um aber sicherzugehen, vereinbarten sie in einem Darlehensvertrag, dass die Rückzahlung zum 31.12.2017 erfolgen soll. Daniel verpflichtet sich, den Betrag aber spätestens beim Ausscheiden aus dem Unternehmen an LvG zurückzuzahlen, falls er seinen Arbeitsvertrag kündigt.

4. Da LvG viel unterwegs ist, legt er im Januar 2014 den 4 Jahre alten Kombi (ND 8 Jahre) seiner Frau ins Unternehmen ein. Hier wird er ausschließlich betrieblich genutzt. Der Pkw hat einen Teilwert von 50.000 €, die Anschaffungskosten haben im Januar 2010 80.000 € betragen. Seine Frau hatte diesen Wagen vollumfänglich für ihre vermieteten Immobilien (§ 21 EStG) benutzt und den Wagen linear abgeschrieben. Die AfA hat insgesamt bis 31.12.2013 40.000 € betragen.

5. Da er Mitte des Jahres etwas klamm bei Kasse ist, lässt er sich von seiner Frau ein unverzinsliches Darlehen i. H. v. 50.000 € für 2 Jahre bis zum 31.12.2016 geben. Mit diesem Geld fliegt er nach Kabul, um nach den neuesten Blumen-Trends des Orients Ausschau zu halten.

6. LvG hat in seiner Blumenzucht in 2014 mehrere bahnbrechende Entwicklungen im Bereich der automatisierten Blumenzucht entwickelt. Diese hat er sich noch 2014 patentieren lassen. Die Nutzungsdauer wird auf 4 Jahre geschätzt. Die Betriebsbuchhaltung beziffert die für die Herstellung (Entwicklung) dieser Patente entstandenen Kosten auf 20.000 €, die Notar- und Anmeldekosten haben nochmals 5.000 € netto betragen. Deswegen wurden in der Handelsbilanz 25.000 € als immaterielles Anlagevermögen aktiviert.

7. Um weiterhin viele Aufträge von seinen besten Kunden, alles Großhändler in Deutschland, zu erhalten, schenkte LvG jedem ein Kugelschreiberset mit persönlicher Gravur. Insgesamt hat er 30 Sets zu je 75 € netto hergeschenkt. Die Kosten wurden brutto (einschließlich der nichtabziehbaren Vorsteuer) als Aufwand gebucht. Außerdem hat LvG ordnungsgemäß auf den Rechnungen die jeweiligen Empfänger des Geschenks vermerkt. Weiteres hat LvG nicht veranlasst.

Aufgaben

1) Ermitteln Sie den steuerpflichtigen Gewinn zum 31.12.2014 und den steuerbilanziellen Ansatz der Bilanzpositionen gem. dem EStG.

2) Ermitteln Sie die noch zu zahlende Gewerbesteuer und die evtl. max. Anrechnung der Gewerbesteuer auf die ESt.

Ihre Entscheidungen sind kurz und umfassend zu begründen unter Angabe der gesetzlichen Bestimmungen (ohne Bank, Kasse, USt), Gewinnauswirkungen sind zusammen mit der jeweiligen Aufgabennummer anzugeben.

Zahlenentwicklungen müssen sich schlüssig aus der Lösung ergeben. Das Unternehmen möchte einen **möglichst niedrigen steuerlichen** Gewinn erzielen. Tag der Bilanzerstellung ist Tag der Klausur. Runden Sie immer auf volle Euro-Beträge zugunsten des Steuerpflichtigen. Wenn möglich, sollen stille Reserven übertragen werden. **Solidaritätszuschlag und Kirchensteuer sind zu vernachlässigen.**

Lösungshinweise zu Aufgabe 11

LvG ist gem. § 15 Abs. 2 EStG ein Einzelunternehmer und gem. § 2 Abs. 1 GewStG gewerbesteuerpflichtig. Es besteht keine Befreiung gem. § 3 GewStG. Schuldner der GewSt ist der Unternehmer gem. § 5 Abs. 1 S. 1 GewStG. Die hebeberechtigte Gemeinde ist München/Giesing nach § 4 GewStG und die Besteuerungsgrundlage ist der Gewerbeertrag i. S. d. §§ 6 und 7 GewStG i. V. m. § 15 EStG, der sich nach einkommensteuerrechtlichen sowie gewerbesteuerrechtlichen Vorschriften ermitteln lässt (alle Angaben in €).

	Gewinnauswirkung
Vorläufiger handelsrechtlicher Gewinn	160.000
+ nichtabziehbare GewSt § 4 Abs. 5b EStG	10.000
	170.000

1.

§ 246 Abs. 1, § 247 Abs. 2 HGB → Anlagevermögen

§ 5 Abs. 1 Satz 1, § 6 Abs. 1 Nr. 2 Satz 1 EStG

H 6.2 EStH → „AK"

Maßgeblichkeit, Bewertungsvorbehalt

Übergang Eigentum gem. § 39 Abs. 2 AO

Übertragung der § 6b-Rücklage gem. § 6b Abs. 1 EStG nur 100.000 € für das Grundstück.

Der Rest für das Gebäude bleibt bestehen, da keine Übertragungsmöglichkeit besteht, da das Ersatzwirtschaftsgut Gebäude noch nicht angeschafft wurde.

Das Grundstück wird bewertet mit 300.000 € – 100.000 €

Übertrag   170.000

→ Bilanzansatz: 200.000 €; erfolgsneutral   0

Die § 6b-Rücklage bleibt entsprechend stehen mit 100.000 €.

2.

Dividende gem. § 20 Abs. 1 Satz 1 EStG
Beachte Subsidiariät gem. § 20 Abs. 8 EStG
→ Einkünfte nach § 15 EStG

Nettodividende (= 75 %)

→ Bruttodividende (100/75 x 30.000): 40.000 €

→ Teileinkünfteverfahren

Die Kapitalertragsteuer stellt nach § 12 Nr. 3 EStG keine BA
dar; die KapErtSt ist aber eine Vorauszahlung zur ESt   10.000
(die Differenz ist als Ertrag aus der Dividende zu buchen)

Steuerpflichtig sind 60 % von 40.000 € (der Dividende).
→ Steuerbefreiung nach § 3 Nr. 40d) EStG (40 %)   – 16.000

3.

Ansatz der Forderung mit den Anschaffungskosten von 50.000 €,

da Forderungen gegenüber Arbeitnehmern nicht abgezinst
werden dürfen (so KLEINLE/DREIXLER, HERRMANN/HEUER/RAUPACH,
EStG/KStG-Kommentar, § 6 EStG Anm. 913, Stand 2011)

→ Keine Abzinsung der Forderungen

Zwischensumme   164.000

4.

Übertrag   164.000

§ 246 Abs. 1, § 247 Abs. 2 HGB
§ 5 Abs. 1, § 6 Abs. 1 Nr. 1, § 6 Abs. 1 Nr. 5 Satz 1,
§ 7 Abs. 1 Satz 1 und Satz 5 EStG

→ Pkw wurde zur Gewinnerzielung nach § 2 Abs. 1 Nr. 6 EStG genutzt

Erlass § 7/8 Fallgruppe 2: Wert zwischen fortgeführten AK und Einlagewert

AfA-Bemessungsgrundlage: 40.000 €/4 Jahre (RND)   – 10.000
Einlagewert: 50.000 €

5.

§ 246 Abs. 1 HGB → Verbindlichkeit

§ 5 Abs. 1, § 6 Nr. 2 i. V. mit Nr. 3 EStG; Ansatz mit 50.000 €

Aber Abzinsung, da Laufzeit länger als 1 Jahr
Abzinsung über 2 Jahre mit 5,5 % (50.000 € x [$1/1,055^2$])

→ Ansatz mit 44.922 €   5.078

6.

Grundsätzlich gilt das Maßgeblichkeitsprinzip nach
§ 5 Abs. 1 EStG, aber Aktivierungsverbot der
selbstgeschaffenen Patente gem. § 5 Abs. 2 EStG   – 25.000

7.

Nichtabziehbare Aufwendungen für Geschenke gem.
§ 4 Abs. 5 Nr. 1 EStG, da > 35 €netto   2.250

zuzüglich nichtabziehbarer Vorsteuer gem.
§ 15 Abs. 1a Satz 1 UStG i. V. m. § 12 Nr. 3 EStG   427,50

steuerpflichtiger Gewinn   136.755,50

Übertrag	136.755,50

Gewerbesteuerliche Hinzurechnungen gem. § 8 GewStG:

Nr. 1a) Zinsen   120.000
Auf- und Abzinsungsbeträge fallen nicht unter die
gewerbesteuerliche Hinzurechnung des § 8 Nr. 1a GewStG
(s. H 8.1. Abs. 1 GewStH „Aufzinsungsbeträge")

Nr. 1e) 50 % Miete für unbewegliche WG	30.000	
Zwischensumme	150.000	
./. Freibetrag	100.000	
Zwischensumme	50.000	
Hiervon 25 %		12.500,00

Gewerbesteuerliche Kürzungen gem. § 9 GewStG:
Keine Kürzung des Grundstücks nach Nr. 1, da das Grundstück
nicht zu Beginn des Kalenderjahres zum BV gehörte (§ 20 GewStDV).

Schachtelprivileg der Nr. 2a erfüllt (daher keine
Zurechnung nach § 8 Nr. 5 GewStG)

Kürzung der gewinnwirksamen Dividende, da die Beteiligung ≥ 15 % seit Beginn des WJ	– 24.000,00
Maßgebender Gewerbeertrag	125.255,50
Abrunden auf volle 100 Euro nach § 11 Abs. 1 S. 3 GewStG	125.200
./. Freibetrag gem. § 11 Abs. 1 Nr. 1 GewStG	– 24.500
Steuermessbetrag	100.700
x 3,5 % Messzahl § 11 Abs. 2 GewStG	3.524,50
Steuermessbetrag i. S. d. § 14 GewStG	3.524,50
x Hebesatz nach § 16 GewStG, hier: 490 % = **Gewerbesteuer**	**17.270,05**
Abzüglich Vorauszahlungen	– 10.000
Gewerbesteuer-Schuld gem. § 20 Abs. 1 und 2 GewStG	**7.270,05**
Anrechnung auf die ESt gem. § 35 EStG: 3,8-fache des Gewerbesteuer-Messbetrags, maximal die tatsächlich gezahlte Gewerbesteuer	13.393,10

12 Einkommensteuer (Aufgabe B)*

Bearbeitungszeit: 60 Minuten

Schwierigkeitsniveau: mittel (Bachelor, Jura)

Stichworte/Inhalte

Einkommensteuer; Gewinnermittlung

Einkommensteuer, Gewinnermittlung, Einnahmenüberschussrechnung, nichtabziehbare Betriebsausgaben, Teileinkünfteverfahren, Veräußerungsgeschäfte, Werbungskosten, Entfernungspauschale, Fahrtkosten, Arbeitsmittel, Fortbildungskosten, Kontoführungskosten, AfA, Kapitalvermögen, Zinsen, Abgeltungsteuer, Sonstige Einkünfte, Verluste, Summe der Einkünfte, Einkommen, Zu versteuerndes Einkommen, Ermittlung der festzusetzenden Einkommensteuer, Gewerbesteuer-Anrechnung, Solidaritätszuschlag.

Sachverhalt

Hans Glück, geboren am 10.10.1960, und Rose Glück, geboren am 20.04.1963, sind verheiratet (keine Kinder) und leben in 50674 Köln, Pfeilstr. 5. Beide sind konfessionslos. Sie haben die Zusammenveranlagung nach § 26b EStG gewählt.

Hans Glück betreibt ein Autohandelsgeschäft. Er ist zum vollen Vorsteuerabzug berechtigt. Er ermittelt seinen Gewinn nach §§ 4 Abs. 1, 5 EStG. Der Gewinn für das Geschäftsjahr 2014 beträgt 150.000 €. Noch nicht berücksichtigt wurde die Anschaffung eines gebrauchten mobilen Klimagerätes, das am 10.12.2014 geliefert wurde. Die Nutzungsdauer ist mit 10 Jahren anzunehmen. Es soll die lineare Abschreibung zum Ansatz kommen. Die Rechnung über 8.000 € zuzüglich 1.520 € Umsatzsteuer wurde am 11.1.2015 gezahlt. Der Gewerbesteuermessbetrag für 2014 wurde mit 2.665 € zutreffend festgestellt.

Außerdem hatte er im Privatvermögen am 1.2.2013 3 % GmbH-Anteile für 1.000 € erworben. Hierin sind die Nebenkosten der Anschaffung mit 100 € enthalten. Er hat alle Anteile an der GmbH am 10.12.2014 für 2.100 € veräußert. Die Kosten der Veräußerung betragen 100 €.

* Für die Überlassung der (etwas modifizierten) Klausur danke ich Frau **StB Prof. Dr. Eva Loosen**, Fachhochschule Köln – Fakultät für Wirtschafts- und Rechtswissenschaften, sehr.

Rose Glück ist als angestellte Steuerberaterin bei der Treuhandgesellschaft mbH, Lindenstr. 4 in Köln beschäftigt. Auf der Lohnsteuerkarte für das Kalenderjahr 2014 sind folgende Angaben bescheinigt:

Bruttoarbeitslohn	60.000,00 €
Einbehaltene Lohnsteuer	8.467,92 €
Solidaritätszuschlag	465,73 €

Folgende Angaben zu den Werbungskosten bei dieser Einkunftsart wurden gemacht: Ihre Arbeitsstelle liegt 21 km entfernt von der Wohnung. Sie fährt an 220 Arbeitstagen mit dem Pkw zur Arbeit. Daneben sind angefallen: anerkannte Fachzeitschriften im Wert von 650 € inkl. Umsatzsteuer, anteilige Kontoführungsgebühren für die Gehaltsbuchungen 16 €, Gebühren für die Teilnahme an der Steuerberatertagung in München vom 13.6.-14.6.2014 (Abwesenheit weniger als 24 Stunden pro Tag) in Höhe von 820 €, Reisekosten 300 € (Bahnkarte) sowie der Erwerb eines Druckers am 12.8.2014, der ausschließlich für Arbeitnehmerzwecke genutzt wird, in Höhe von 700 € inkl. Umsatzsteuer. Die voraussichtliche Nutzung beträgt 6 Jahre. Vonseiten des Arbeitgebers erfolgte kein Ersatz.

Rose Glück baut sich in der freien Zeit eine eigene Steuerberaterpraxis auf. Sie ist zum vollen Vorsteuerabzug berechtigt und ermittelt den Gewinn nach § 4 Abs. 3 EStG. Für das Kalenderjahr 2014 hat sie Mandantenhonorare von 40.000 € und die Umsatzsteuer von 7.600 € eingenommen. Noch nicht berücksichtigt ist die Abrechnung der Steuererklärung eines Mandanten, die 2014 erstellt wurde. Das am 29.12.2014 in Rechnung gestellte Honorar beträgt 10.000 € zuzüglich 19 % Umsatzsteuer und ist am 10.1.2015 eingegangen. Allgemeine Bürokosten hat sie in Höhe von 50.000 € gezahlt, außerdem die in Rechnung gestellte Umsatzsteuer (Vorsteuer) in Höhe von 9.500 €.

Hans Glück erhielt in 2014 Zinsen aus festverzinslichen Wertpapieren in Höhe von brutto 30.000 €. Der Freistellungsauftrag für die Eheleute war in voller Höhe gestellt. Die Zinsabschlagsteuer (Abgeltungsteuer) beträgt 7.099,50 €, der Solidaritätszuschlag 390,47 €. Folgende Aufwendungen sind im Kalenderjahr 2014 angefallen: Depotgebühren 2.500 €, im Zusammenhang mit der Anschaffung von Wertpapieren angefallene Provisionen und Maklergebühren 2.600 €.

Hans Glück hat am 10.5.2014 festverzinsliche Wertpapiere zu Anschaffungskosten (einschließlich Spesen) in Höhe von 5.800 € erworben. Am 15.8.2014 hat er diese Wertpapiere zu einem Verkaufspreis von 6.412 €

wieder verkauft. Das auszahlende Kreditinstitut hat eine Abgeltungsteuer in Höhe von 153 € und Solidaritätszuschlag in Höhe von 8,41 € einbehalten.

Hans Glück erwarb am 10.2.2014 ein 1990 erbautes Zweifamilienhaus für 450.000 € (hiervon entfallen 20 % auf den Grund und Boden), das zwei Wohnungen je 130 qm umfasst. Die Wohnungen sind ab dem 1.3.2014 vermietet worden. Im Jahr 2014 sind monatlich Mieten in Höhe von 1.300 € je Wohnung zugeflossen. Außerdem haben die Mieter monatlich 200 € für Umlagen (Nebenkostenvorauszahlungen) geleistet.

Im Kalenderjahr 2014 sind Finanzierungszinsen in Höhe von 15.000 € und Tilgungsleistung in Höhe von 16.000 € gezahlt worden. Daneben hat er im Jahr 2014 Zahlungen in Höhe von 10.800 € geleistet für Grundsteuer, Straßenreinigung, Müllabfuhr, Wasserversorgung, Hausbeleuchtung, Heizung und Schornsteinreinigung.

Hans hat im Jahr 2014 gelegentlich sein Motorrad vermietet. Die Einnahmen hieraus belaufen sich auf 2.000 €, die Kosten insbesondere für Reparaturen auf 2.500 €.

Die abzugsfähigen Sonderausgaben (keine Berechnungen erforderlich) betragen 6.042 €.

Fragen:

1. Nehmen Sie Stellung zu der Steuerpflicht, Veranlagung und den Veranlagungsformen der Ehegatten!

2. Ermitteln Sie für die Eheleute Glück das zu versteuernde Einkommen 2014 und die festzusetzende Einkommensteuer und den Solidaritätszuschlag im Rahmen der Normalveranlagung! § 34a EStG soll keine Anwendung finden!

3. Ermitteln Sie die Höhe der entstehenden Abschlusszahlungen (einschließlich Solidaritätszuschlag) oder der entstehenden Erstattungen!

Unterstellen Sie, dass die für die Steuerpflichtigen günstigste Lösung zum Ansatz kommt, wobei alle erforderlichen Anträge als gestellt gelten oder Nachweise erbracht sind.

Lösungshinweise zu Aufgabe 12

1. Unbeschränkte Einkommensteuerpflicht

nach § 1 Abs. 1 EStG, da Wohnsitz im Inland, Zusammenveranlagung § 26 Abs. 3, § 26b, § 56 EStDV, Splittingtarif § 32a Abs. 5 EStG.

2. Veranlagungsformen

a. für Einkünfte aus Kapitalvermögen:

Zinsen, nach § 20 Abs. 1 Nr. 7 EStG, Zufluss 2014, daher zutreffende Einbehaltung der Abgeltungsteuer. Danach ist die Einkommensteuer abgegolten, es ist keine Einbeziehung in die Veranlagung nach § 43 Abs. 5 i. V. m. § 25 Abs. 1 EStG erforderlich. Eine Günstigerprüfung ist möglich nach § 32d Abs. 6 EStG, bei der Höhe des Einkommens aber nicht günstiger. Ein Antrag wäre nur für alle Kapitalerträge möglich.

Veräußerungsgeschäfte bei Neuerwerb, § 52a Abs. 10 Satz 6 EStG mit festverzinslichen Wertpapieren, § 20 Abs. 2 Nr. 7 EStG, sind immer steuerpflichtig, daher zutreffende Einhaltung der Abgeltungsteuer. Danach ist die Einkommensteuer abgegolten, keine Einbeziehung in die Veranlagung, § 43 Abs. 5 i. V. m. § 25 Abs. 1 EStG. Eine Günstigerprüfung ist möglich nach § 32d Abs. 6 EStG, bei der Höhe des Einkommens aber nicht günstiger.

Ergebnis: Die Einkünfte aus Kapitalvermögen kommen nicht zum Ansatz.

b. für die anderen Einkünfte:

Normalveranlagung und Splittingtarif

3. Ermittlung des zu versteuernden Einkommens (alle Angaben in €)

Einkünfte aus Gewerbebetrieb

§ 2 Abs. 1 Nr. 2 i. V. m. § 15 Abs. 1 Nr. 1 Satz 1 EStG,
§ 2 Abs. 2 Nr. 1 i. V. m. § § 4 Abs. 1, 5 EStG

vorläufiger Gewinn	150.000

Korrektur beim Betriebsvermögen
– Zwingend notw. Betriebsvermögen, da ausschließlich berufliche Nutzung, Bewertung nach § 6 Abs. 1 Nr. 1, AK./. AfA, AfA linear

§ 7 Abs. 1, 10 % von 8.000 € = 800 €, monatsanteilig 1/12 =	– 67
	149.933

Die USt ist wegen der Vorsteuerabzugsberechtigung ergebnisneutral!

§ 2 Abs. 1 Nr. 2 i. V. m. § 17 EStG

§ 52a Abs. 10 Satz 1 EStG bei Neuerwerben greifen die neuen Regelungen. Daher ist auf einen Veräußerungsvorgang mit Anteilen von Kapitalgesellschaften von 1 % und mehr immer § 17 EStG anzuwenden. Im Rahmen von § 17 EStG ist ab 2009 das Teileinkünfteverfahren mit Normaltarif zu berücksichtigen.

Ermittlung nach § 17 Abs. 2 EStG mit Teileinkünfteverfahren

Veräußerungspreis, § 3 Nr. 40c EStG:	60 %	1.260
Anschaffungskosten, § 3c Abs. 2 EStG:	60 %	– 600
Veräußerungskosten, § 3c Abs. 2 EStG:	60 %	– 60
Vorläufiger Gewinn		600

Freibetrag § 17 Abs. 3 EStG		
Anteilig 3 % von 9.060	272	
Kürzung um anteilige Schwellen-Überschreitung		
3 % von 36.100 =	1.083	
keine Schwellenüberschreitung		
Ansatz		– 272
Steuerpflichtiger Veräußerungsgewinn		**328**

Einkünfte aus nichtselbstständiger Arbeit

§ 2 Abs. 1 Nr. 4 i. V. m. § 19 Abs. 1 Nr. 1 EStG
§ 2 Abs. 2 Nr. 2 i. V. m. §§ 8–9a EStG

Einnahmen, Bruttoarbeitslohn	60.000

§ 12 Nr. 3 EStG: LSt, SolZ nichtabzugsfähige
Ausgaben, nach § 36 Abs. 2 Nr. 2 EStG jedoch anrechenbar
Werbungskosten:
– tatsächlich nachgewiesene

• § 9 Abs. 1 Nr. 4 EStG Entfernungspauschale		
21 km x 0,30 € x 220 =		1.386
• Fachliteratur inkl. USt, § 9 Abs. 1 Nr. 6 EStG		650
• Kontoführungskosten		16
• Fortbildungskosten		
Reisekosten, R 9.4 LStR	300	
Tagungsgebühren	820	
Verpflegungsmehraufwand: 2 x 12 €	24	
§ 9 Abs. 4a i. V. m. § 4 Abs. 5 Nr. 5 EStG		1.144

- Beruflich genutzter Gegenstand ist Arbeitsmittel,
  § 9 Abs. 1 Nr. 6 i.V.m. § 9 Abs. 1 Nr. 7 EStG, AfA
  Vorschriften sind entsprechend anzuwenden,
  lineare AfA, § 7 Abs. 1 EStG, Anschaffungskosten inkl.
  USt, da AN keinen Vorsteuerabzug hat, § 9b Abs. 1 EStG.
  Keine Pool-Abschreibung nach § 6 Abs. 2a EStG bei
  Überschuss-Einkunftsarten!
  AfA-Satz (Jahr) 16,67 % → 700/6 = 117

Zeitanteilig: 117 x 5/12 =	49

Tatsächliche Werbungskosten

→ Ansatz, da höher als AN-PB 1.000 (§ 9a Satz 1 Nr. 1 EStG)	3.245
	56.755

Einkünfte aus selbstständiger Arbeit

§ 2 Abs. 1 Nr. 3 i.V.m. § 18 Abs. 1 Nr. 1 EStG
§ 2 Abs. 2 Nr. 1 i.V.m. § 4 Abs. 3 EStG

BE: Honorareinnahmen,	40.000
§ 11 Abs. 1 Erfassung in 2014,	
Zuflussprinzip keine wiederkehrende Einnahme	
Das Honorar aus 2014 ist erst bei Zahlung in 2015	
zu berücksichtigen.	
BE: vereinnahmte Umsatzsteuer	7.600
BA: Bürokosten	– 50.000
BA: Gezahlte Vorsteuern	– 9.500
Verlust	**– 11.900**

Einkünfte aus Vermietung und Verpachtung

§ 2 Abs. 1 Nr. 6 i.V.m. § 21 Abs. 1 Nr. 1 EStG
§ 2 Abs. 2 Nr. 2 i.V.m. §§ 8–9a EStG

Einnahmen, Bruttomieten	30.000
10 Monate x (1.300 + 200) x 2 inkl. Vorauszahlungen	

Werbungskosten:

Zinsen	15.000
Tilgung keine WK, ergebnisneutral	
Laufende Kosten, § 9 Abs. 1 EStG	10.800
Abschreibung, § 7 Abs. 4 Nr. 2a EStG, 2,0 % jährlich	
Bemessungsgrundlage: Anschaffungspreis + NK	
= 450.000 x 80 % = 360.000 x 2 % = 7.200	
im Jahr der Anschaffung zeitanteilig 11/12 =	6.600
	– 2.400

Sonstige Einkünfte

§ 2 Abs. 1 Nr. 7 i. V. m. § 22 Nr. 3 EStG
Gelegentliche Vermietungen, Einkünfte über 256 €
Hier Einnahmen :   2.000
WK   – 2.500
Neg. Einkünfte   – 500
kein Verlustausgleich möglich, Ansatz daher   0
nur Verrechnung mit künftigen Einkünften gleicher Art
Rücktrag und Vortrag entsprechend § 10d EStG

Summe der Einkünfte, § 2 Abs. 3 EStG	**Hans**	**Rose**
	149.933	56.755
	328	– 11.900
	– 2.400	
	147.861	**44.855**

Gemeinsame Summe der Einkünfte	**192.716**
Vertikaler Verlustausgleich von Verlusten	
aus Vermietung und freiberuflicher Tätigkeit mit den	
anderen Einkunftsarten ist uneingeschränkt zulässig.	
= Gesamtbetrag der Einkünfte	**192.716**
./. Sonderausgaben	– 6.042
Einkommen = z. v. E. § 2 Abs. 5 EStG	**186.674**

Tarifliche Einkommensteuer

§ 32a Abs. 5 i. V. m. § 32a Abs. 1 Nr. 5 EStG	**61.924**
abzüglich § 35 EStG Gewerbesteuer-Anrechnung:	
2.665 x 3,8-fache =	10.127
	51.797

Abrechnung in € festzusetzende	**ESt**	**SolZ**
	51.797,00	**2.848,83**
abzüglich Vorauszahlungen:		
§ 36 Abs. 2 Nr. 2 EStG		
Lohnsteuer Vorauszahlungen, gerundet*	– 8.468,00	465,73
Kapitalertragsteuer, § 36 Abs. 2 Nr. 2 EStG**	0,00	0,00
Nachzahlung	**43.329,00**	**2.383,10**

Anmerkungen:
*   Die Steuerabzugsbeträge Lohnsteuer sind nach § 36 Abs. 2 Nr. 2 i. V. m.
    § 36 Abs. 3 EStG auf volle Euro aufzurunden.
** Wegen der Abgeltung kommt es nicht zur Anrechnung der Kapital-
    ertragsteuerbeträge.

13 Einkommen- und Gewerbesteuer (Aufgabe A)

Bearbeitungszeit: 24 Minuten

Schwierigkeitsgrad: leicht bis mittel (Basisstudium Bachelor)

Stichworte/Inhalte

Einkommensteuer; Gewerbesteuer; Gewinnermittlung

Bilanzsteuerrecht, Differenzen, Rückstellungen, Teilwertabschreibungen, Disagio, Nichtabziehbare Betriebsausgaben, Sachgeschenke, Entnahmen, Zinsen, Hinzurechnungen, Kürzungen, Einheitswert, Gewerbesteuer-Anrechnung.

Sachverhalt

Malermeister Gottlieb Häfele (Einzelfirma) in Karlsruhe führt seine Bücher nach deutschem Handelsrecht. Seine Buchhaltung enthält für das Jahr 01 folgende Daten (alle Angaben in €):

Handelsrechtlicher Jahresüberschuss (nach Ertragsteuern)	128.018
Außerplanmäßige Abschreibungen auf im betrieblichen Finanzanlagevermögen gehaltene Aktien wegen vorübergehender Wertminderung	10.000
Für ein zum 1. Januar 01 bei der Sparkasse aufgenommenes Darlehen (Laufzeit 10 Jahre) gezahlte Zinsen	120.000
Auf die Aktivierung des Disagios für dieses Darlehen wurde verzichtet:	40.000
Einheitswert des Betriebsgrundstücks	45.000
Privatentnahmen	47.500
Geschenk an den Architekten Ludewig (Buchung erfolgte netto)	200
Hebesatz der Gemeinde 420 %.	

Eine (pauschalierte) Rückstellung für die noch abzuführende Gewerbesteuer wurde in Höhe von 25.000 € schon gebildet.

Aufgaben

a) Ermitteln Sie die zu zahlende Gewerbesteuer!

b) Erläutern Sie, welche gewerbesteuerlichen Effekte Malermeister Häfele bei seiner Einkommensteuererklärung geltend machen kann!

Lösungshinweise zu Aufgabe 13

a)

Malermeister Häfele ist als Handwerker mit gewerblichen Einkünften
(§ 15 EStG) gewerbesteuerpflichtig (§ 2 Abs. 1 GewStG).
Ausgangsgrundlage ist nach § 7 Satz 1 GewStG i. V. m. § 5 Abs. 1 EStG
der handelsrechtliche Gewinn vor Korrekturen (§ 5 Abs. 6 EStG).

	€
Handelsrechtlicher Jahresüberschuss (**nach** Ertragsteuern)*	128.018
+ nichtabziehbare Gewerbesteuer (§ 4 Abs. 5b EStG)	25.000
+ außerplanmäßige Abschreibung (§ 6 Abs. 1 Nr. 2 EStG)	10.000
+ Disagio (§ 5 Abs. 5 EStG abzüglich 4.000 zeitanteilige Auflösung)	36.000
+ Geschenk (§ 4 Abs. 5 Nr. 1 EStG zuzüglich USt nach § 15 Abs. 1a Nr. 1 UStG i. V. m. § 12 Nr. 3 EStG)	238
Einkommensteuerliche Bemessungsgrundlage	199.256
+ Zinsen (§ 8 Nr. 1 GewStG; 120.000 + 4.000 aus Disagio abzüglich Freibetrag von 100.000 → 24.000 x 0,25 =	6.000
./. 1,2 % Einheitswert Grundbesitz x 1,4 (§ 9 Nr. 1 GewStG i. V. m. § 121a BewG)	756
Gewerbeertrag	204.500
./. Freibetrag (§ 11 Abs. 1 Nr. 1 GewStG)	24.500
maßgeblicher Gewerbeertrag	180.000

GewSt-Messbetrag: 180.000 x 3.5 % = 6.300

Abzuführende GewSt: 6.300 x 4,2 = 26.460

b)

GewSt.-Anrechnung nach § 35 EStG (anteilig pauschalierter Abzug der GewSt
bei einer positiven, die pauschale Anrechnung übersteigenden ESt-Schuld).

Ermittlung der GewSt-Anrechnung:

3,8 x GewSt-Messbetrag (hier: 3,8 x 6.300 € = 23.940 €).
Da in dieser Aufgabe der Hebesatz 420 % beträgt, gleicht sich durch die
pauschalierte GewSt.-Anrechnung die gesamte ertragsteuerliche Belastung
des Malermeisters als Gewerbetreibenden **nicht** der eines selbstständig Tätigen an. Es bleibt eine Restbelastung von 26.460 € ./. 23.940 € = 2.520 €.

---

* Die Entnahme ist zwar auch steuerrechtlich nicht gewinnmindernd abziehbar; sie ist aber auch in der
handelsrechtlichen Gewinnermittlung nicht als Aufwand abziehbar; daher kann keine zusätzliche
Korrektur der Entnahme in der Überleitungsrechnung vorgenommen werden.

14 Einkommen- und Gewerbesteuer (Aufgabe B)

Bearbeitungszeit: 60 Minuten

Schwierigkeitsgrad: mittel (Basisstudium Bachelor, Jura)

Stichworte/Inhalte

Gewerbesteuer; Einkommensteuer; Gewinnermittlung

Bilanzsteuerrecht, Teilwertabschreibungen, Rechnungsabgrenzungsposten, Nichtabziehbare Betriebsausgaben, Dividenden, Teileinkünfteverfahren, Sachgeschenke, Zinsen, Mieten, Gebäudeabschreibungen, Hinzurechnungen, Kürzungen, stille Beteiligung.

Sachverhalt

Maler Friedhelm Knopf, geboren am 1.5.1959, und seine Ehefrau Laura, geboren am 10.10.1961, kinderlos, wohnen gemeinsam in Augsburg. Der gewerbesteuerliche Hebesatz soll 400 % betragen. Das Ehepaar Knopf lässt sich bei der Einkommensteuer zusammen veranlagen und keiner der beiden gehört einer Religionsgemeinschaft an.

Friedhelm und Laura Knopf haben im laufenden Jahr folgende Einnahmen und Ausgaben (Rechtslage 2014):

1) Friedhelm Knopf hat zum 1. Januar dieses Jahres eine Polsterei für antiquarische Möbel in Form eines Einzelunternehmens in Augsburg eröffnet. Er ermittelt seinen Gewinn nach § 5 Abs. 1 EStG. Der vorläufige und u. U. noch korrekturbedürftige Handelsbilanzgewinn wird aus den folgenden Daten der Gewinn- und Verlustrechnung abgeleitet:

Umsatzerlöse (netto):	1.567.000 €
Wareneinsatz (netto):	362.000 €
Personalaufwand (darunter Geschäftsführergehalt für F. Knopf 150.000 €)	250.000 €
Ortsübliche Miete an seine Ehefrau für das Handelsgeschäft (Gebäude)	240.000 €
Miete/Leasingraten für Kopierer, Lkw und Pkw	200.000 €
Zinsen für ein Darlehen bei der Sparkasse Karlsruhe (5 % von 1.000.000 €)	50.000 €
Zinsen für stille Beteiligung an seine Ehefrau (7 % von 2.000.000 €)	140.000 €
Bruttodividende auf im Betriebsvermögen gehaltene Aktien der Möbelhaus AG (Anteil < 0,5 % des Nennkapitals der AG; Kalenderjahr = Wirtschaftsjahr)	8.000 €
Aufgrund einer vorübergehenden Wertminderung von Vorräten ergibt sich eine Teilwertabschreibung in Höhe von	20.000 €
40 Aktenkoffer à 80 € (netto) an Geschäftsfreunde	3.200 €
Sonstige betriebliche Aufwendungen	46.608 €
Vorläufiger Gewinn vor Ertragsteuern	**263.192 €**

Anmerkungen

Bei den Mieten und Zinsen, die dem Drittvergleich standhalten, sind schriftliche Verträge abgeschlossen worden. Die sonstigen formellen Voraussetzungen für die Anerkennung derartiger Verträge sind erfüllt (Überweisungen etc.). Die Ehefrau erhält für die stille Beteiligung, die noch eine Laufzeit von 3 Jahren hat, eine Vergütung in Höhe von 7 % der Einlage (2.000.000 €), sofern in dem Einzelunternehmen ein Gewinn erzielt wird. Laura ist weder am Verlust noch an den stillen Reserven des Einzelunternehmens beteiligt. Laura hat die Einlage zur Hälfte refinanziert. Hierfür sind ihr im laufenden Jahr Zinsen in Höhe von 60.000 € entstanden und abgeflossen. Aufgrund gleichgerichteter Interessen wird angenommen, dass Laura eine nahestehende Person im Sinne des § 32d EStG ist.

Im Rahmen der Abschlussarbeiten stellt Friedhelm fest, dass er am 1. Oktober eine Überweisung an eine Versicherung (Betriebshaftpflicht inklusive Produzentenhaftung) in Höhe von 30.000 € für den Zeitraum vom 1. Juli bis zum 30. Juni des folgenden Kalenderjahrs geleistet hat und diese Überweisung in voller Höhe als sonstigen betrieblichen Aufwand erfasst hat.

2) Laura war vom 1. Januar bis zum 30. September d. J. als Kassiererin (= Arbeitnehmerin) in einem Supermarkt mit einem monatlichen Verdienst von 1.600 € tätig. Das Arbeitsverhältnis wurde am 30. September vom Arbeitgeber gekündigt. Seitdem ist Laura arbeitslos gemeldet und erhält monatlich 1.000 € Arbeitslosengeld. Laura fuhr an 15 Tagen je Monat mit dem Pkw zur Arbeit. Die einfache Fahrtstrecke betrug 50 km.

3) Am 2. Mai d. J. fließt Friedhelm Knopf aus einem im Privatvermögen gehaltenen Aktienpaket (Anteilsquote an der AG: 0,01 %) eine Bruttodividende in Höhe von 12.000 € zu.

4) Laura hat zum 1. Januar d. J. ein Gebäude erworben, in dem das Handelsgeschäft des Einzelunternehmens im EG und den ersten drei Stockwerken (80 % der gesamten Fläche) enthalten ist, das an den Ehemann für 240.000 € pro Jahr vermietet wird (siehe oben unter Nr. 1). Das Haus ist im Dezember vorigen Jahres (Bauantrag im Januar des vorangegangenen Jahres) errichtet worden und wird ab 1. Januar d. J. nach § 7 Abs. 4 EStG abgeschrieben. Der Kaufpreis betrug 2.000.000 € zuzüglich der vollständig vom Käufer getragenen Grunderwerbsteuer. Hiervon entfallen 20 % auf Grund und Boden. Der 4. Stock ist an einen Zahnarzt (10 % der Gebäudefläche) für 48.000 € jährlich vermietet; im 5. Stock sind 2 Wohnungen (je 5 % der Gebäudefläche), die zu je 1.500 € monatlich vermietet sind. Das Haus ist entsprechend der Gebäudefläche in Teileinheiten aufgeteilt.

Am 2. Januar d. J. hat Laura einen Kredit in Höhe von 1.500.000 € mit einer Darlehenslaufzeit von 5 Jahren aufgenommen. Das Disagio betrug 45.000 € und wurde von der Bank bei Auszahlung des Kredits einbehalten.

An Schuldzinsen fielen für den Zeitraum vom 1. Januar bis zum 31. Dezember d. J. insgesamt 105.000 € an, von denen allerdings 52.500 € erst am 2. Januar des folgenden Jahres an die Bank überwiesen wurden. Ferner sind vor Bezug des Gebäudes noch Notar- und Grundbuchgebühren für die Anschaffung des Grund und Bodens (einschl. Gebäude) in Höhe von 30.000 € gezahlt worden.

An Hausnebenkosten fielen an:
Grundsteuer: 10.000 €
Sonstige Kosten: 15.400 €.

5) Das Ehepaar Knopf kann insgesamt Sonderausgaben i. H. v. 14.000 € geltend machen.

Fragen

a) Prüfen Sie, ob im laufenden Jahr für die vorliegenden Sachverhalte Gewerbesteuer anfällt! Wenn ja, ermitteln Sie die Bemessungsgrundlage und die Höhe der Gewerbeertragsteuer!

b) Ermitteln Sie für das laufende Kalenderjahr die Summe der Einkünfte! (Geben Sie jeweils die Höhe der einzelnen Einkünfte je Ehepartner an, Berechnung unter Angabe der jeweiligen §§!)

c) Erläutern Sie die Vorgehensweise bei der Ermittlung der noch zu zahlenden Einkommensteuer der Eheleute Knopf unter Angabe der zu beachtenden Vorschriften und deren Beschreibung (mit Angabe der Additions- und Abzugsbeträge des konkreten Falls, aber ohne zahlenmäßige Ermittlung der ESt)!

d) Welche ertragsteuerlichen Wirkungen treten ein, wenn Laura Knopf im Rahmen ihrer stillen Beteiligung neben ihrer Verzinsung auch am Verlust, an den stillen Reserven und am Geschäftswert beteiligt wird?

Wie wirkt sich diese Veränderung auf
d1) die Bemessungsgrundlage der Gewerbeertragsteuer,
d2) die einzelnen Einkunftsarten und
d3) den Einkommensteuersatz hinsichtlich der Grenzsteuerbelastung aus?

Anmerkung: Ermittlung der GewSt und ESt ist nicht erforderlich!

Lösungshinweise zu Aufgabe 14

a)

Der Gewerbebetrieb von Friedhelm Knopf ist nach § 2 Abs. 1 GewStG i. V. m. § 15 Abs. 1 EStG gewerbesteuerpflichtig. Laura ist als typisch stille Gesellschafterin (keine Beteiligung an den stillen Reserven und am Verlust) keine Mitunternehmerin.

Die gewerbesteuerliche Bemessungsgrundlage (§ 5 Abs. 1 u. 5, § 6, § 15 EStG, §§ 7, 8, 9, 11 GewStG) ist wie folgt zu ermitteln (alle Angaben in €):

Vorläufiger Gewinn	263.192
+ Gehalt (Unternehmerlohn; korrekturbedürftig auch in Handelsbilanz; § 15 EStG)	150.000
+ Teilwertabschreibung (vorübergehende Wertminderung steuerlich nicht zulässig, § 6 Abs. 1 Nr. 2 EStG erlaubt Teilwertabschreibung nur bei dauernder Wertminderung)	20.000
+ aktiver RAP für Versicherung, § 5 Abs. 5 EStG, Ansatzpflicht	15.000
./. 40 % der Bruttodividende Betriebsvermögen Möbelhaus (§ 3 Nr. 40 EStG)	3.200
+ Geschenke (§ 4 Abs. 5 Nr. 1 EStG zuzüglich nichtabziehbare	3.200
Vorsteuer nach § 15 Abs. 1a Nr. 1 UStG und § 12 Nr. 3 EStG)	608
Einkommensteuerliche Bemessungsgrundlage	448.800

Gewerbesteuerliche Hinzurechnungen:

§ 8 Nr. 1 GewStG:		
+ Zinsen (Nr. 1a)	50.000	
+ stille Beteiligung (Nr. 1c)	140.000	
+ 20 % Miete Mobilien (Nr. 1d)	40.000	
+ 50 % Miete Immobilie Ehefrau (Nr. 1e)	120.000	
Zwischensumme	350.000	
./. Freibetrag	100.000	
	250.000	
davon 25 %		62.500
+ Dividende in Streubesitz (§ 8 Nr. 5 GewStG) keine gewerbesteuerliche Kürzung nach § 9 Nr. 2a GewStG, da Beteiligung unter 15 %		3.200
Gewerbeertrag		514.500
./. Freibetrag (§ 11 Abs. 1 Nr. 1 GewStG)		24.500
Gewerbesteuerliche Bemessungsgrundlage		490.000

GewSt-Messbetrag = (0,035 x 490.000) = 17.150

GewSt: 17.150 x 4,00 [Hebesatz] = **68.600 €**.

Anm.: Berechnung der GewSt-Anrechnung
(§ 35 Abs. 1 EStG): 3,8 x 17.150 € = 65.170 €.

b)

Einkünfte aus Gewerbebetrieb (§ 15 EStG):
Friedhelm; Polsterei ist gewerbliches Unternehmen (Abs. 1 Nr. 1)

Gewinn	
Einkommensteuerliche Bemessungsgrundlage	448.800

Einkünfte aus selbstständiger Arbeit (§ 18 EStG): keine

Einkünfte aus nichtselbstständiger Arbeit (§ 19 EStG):
Laura: Gehalt als Kassiererin: 9 Monate x 1.600 =   14.400
./. Fahrtkosten als Werbungskosten-Abzug
   (§ 9 Abs. 1 Satz 3 Nr. 4 EStG; 50 km abziehbar;
   50 x 0,3 = 15 € je Tag Werbungskosten:
   15 € x 15 Tage x 9 Monate =   2.025
Einkünfte nach § 19:
14.400 € – 2.025 € (> Arbeitnehmer-Pauschbetrag) =   12.375
Beachte: Steuerbefreiung für Arbeitslosengeld, § 3 Nr. 2 EStG

Einkünfte aus Kapitalvermögen (§ 20 EStG) [vereinfachte
Ermittlung bei Zusammenveranlagung ohne Trennung]:

Aktien: 12.000 € ./. 1.602 € (§ 20 Abs. 9 EStG): 10.398 €

Abgeltungsteuer: 10.398 € x 0,25 = 2.599,50 €

→ Keine Einbeziehung in die Summe der Einkünfte (§ 2 Abs. 5b EStG)

Stille Beteiligung (Abgeltungsteuer nicht anwendbar wegen § 32d Abs. 2 Nr. 1a; § 20 Abs. 6 und 9 EStG gelten daher nicht)	140.000
./. Werbungskosten (Refinanzierung; kein Sparer-Pauschbetrag)	60.000
Einkünfte nach § 20 EStG	80.000
Zwischensumme	541.175

Einkünfte aus Vermietung und Verpachtung (§ 21 EStG):
Miete von Laura vollständig § 21 EStG, da sie keine Gesellschafterin ist;

AfA-Basis: Anschaffungskosten (§ 6 EStG):
2.000.000 € + 70.000 € GrESt (3,5 %) + 30.000 € (Notar) = 2.100.000 €

Kürzung der Bemessungsgrundlage um nichtabnutzbaren Teil
(Grund und Boden): 2.100.000 € x 0,8 = 1.680.000 €

AfA-Satz nach § 7 Abs. 4 Nr. 2a EStG (Privatvermögen): 2 %
→ AfA: 1.680.000 € x 0,02 = 33.600 €/Jahr

Übertrag   541.175

Einnahmen: 240.000 € + 48.000 € + 36.000 € =   324.000 €

./. Werbungskosten

    Zins (voll, 52.500 € am 2.1 Folgejahr
    wiederkehrende Leistung, kurz nach Stichtag,
    daher Zurechnung altes Jahr nach § 11 EStG)   105.000

Disagio (kein Bilanzierender; Abflussprinzip)   45.000

Grundsteuer/Sonstige   25.400

AfA (Berechnung siehe oben)   33.600

Summe Werbungskosten: – 209.000

Einkünfte nach § 21: 324.000 € ./. 209.000 € =   115.000
Sonstige Einkünfte (§ 22 EStG): Keine

Summe der Einkünfte   **656.175**

c)

Stichwortmäßige Angabe der Additions- und Abzugsbeträge (angegebene zahlenmäßige Ermittlung der Einkommensteuer nicht erforderlich):

Abzug der Sonderausgaben zur Ermittlung des zu versteuerndes Einkommens (z. v. E.): 656.175 € ./. 14.000 € (Sonderausgaben) = 642.175 €

Reichensteuer, da > 501.462 € (Zusammenveranlagung)

Anwendung des Progressionsvorbehalts mit kurzer Beschreibung (§ 32b EStG): 642.175 + 3.000 = 645.175

645.175 x 0,45 – (2 x 15.761) = 258.806

258.806/645.175 = 40,1141 %

Steuer auf 642.175/642.175 x 0,401141 = 257.602 €

Anwendung der Formel nach § 32a Abs. 1 Nr. 5 EStG unter Verdoppelung des Abzugsbetrags von 15.761 € (Fassung 2014) wegen Zusammenveranlagung.

Abzug der vorausbezahlten Steuern:
Hier KapESt auf BV – Möbelhaus AG: 2.000 € (25 % von 8.000 €)

KapESt auf stille Beteiligung: 35.000 € (25 %; § 43a Abs. 1 Nr. 1 EStG)

Kapitalertragsteuer auf Aktien des Privatvermögens ist Abgeltungsteuer (daher endgültig und nichtabziehbar)

Abzug der Gewerbesteuer-Anrechnung (§ 35 Abs. 1 EStG):
3,8 des GewSt-Messbetrags

17.150 € x 3,8 = 65.170 € (siehe dazu a)

d)

d1) Bemessungsgrundlage der Gewerbesteuer

Laura wird wegen der atypischen stillen Beteiligung nun Mitunternehmerin.

Gewerbesteuer:

Erhöhungen:
Erhöhung des einkommensteuerlichen Ausgangsgewinns um Erlös aus stiller Beteiligung wirkt sich gewerbesteuerlich zu 75 % aus, da die gewerbesteuerliche Hinzurechnung nach § 8 Nr. 1c GewStG (25 %) entfällt.

Wegen der Umqualifizierung der positiven (anteiligen) Einkünfte aus Vermietung und Verpachtung erhöht sich die gewerbesteuerliche Bemessungsgrundlage (abzüglich 50 % x 25 % = 12,5 %) – unter Vernachlässigung des Freibetrags von 100.000 € – um etwa 87,5 % der VuV-Einkünfte. Allerdings sinkt sie durch die Erhöhung des AfA-Satzes auf 3 % für den gewerblichen Teil des Hauses (§ 7 Abs. 4 Nr. 1 EStG, da nun Sonderbetriebsvermögen vorliegt; 80 % des Disagio wird zeitanteilig verteilt).

d2) Einzelne Einkunftsarten und Summe der Einkünfte

Einkünfte nach § 15 EStG steigen um stille Beteiligung und um (anteilige) Einkünfte aus Vermietung und Verpachtung (Umqualifizierung der Einkunftsarten; siehe d1); sinkende Effekte durch erhöhte AfA (siehe d1).

Einkünfte nach § 20 EStG sinken um die stille Beteiligung.

Einkünfte nach § 21 EStG sinken um gewerblichen Anteil.

Summe der Einkünfte steigt durch die Rechnungsabgrenzung (+ 36.000 €) und sinkt insgesamt durch die Erhöhung des AfA-Satzes (– 16.800 €).

d3) Einkommensteuersatz

Der Grenzsteuersatz bleibt unverändert, da sich die Eheleute Knopf in der oberen Proportionalzone nach § 32a Abs. 1 Nr. 5 EStG (2014: 45 %) befinden.

Anmerkung

Es ist aber zu beachten, dass eine Entlastung durch die erhöhte GewSt-Anrechnung stattfindet.

15 Einkommen- und Gewerbesteuer (Aufgabe C)

Bearbeitungszeit: 60 Minuten

Schwierigkeitsgrad: mittel (Bachelor, Jura)

Stichworte/Inhalte

Gewerbesteuer; Einkommensteuer; Gewinnermittlung

Bilanzsteuerrecht, Teilwertabschreibungen, Drohverlustrückstellungen, nichtabziehbare Betriebsausgaben, Dividenden, Teileinkünfteverfahren, Sachgeschenke, Zinsen, Mieten, Gebäudeabschreibungen, Hinzurechnungen, Kürzungen, Einkommensteuer, Verluste, Abgeltungsteuer, Summe der Einkünfte, Sonderausgaben, Vorsorgeaufwendungen, Einkommen, zu versteuerndes Einkommen, Ermittlung der festzusetzenden Einkommensteuer, Gewerbesteuer-Anrechnung.

Sachverhalt

Martin Maier, geb. am 12.1.1983, und Lejla Vicas, geb. 20.3.1985, sind Gesellschafter der MaiVic OHG mit Sitz in Rottweil; Unternehmensgegenstand ist die Herstellung und der Vertrieb von Faschingsartikeln. Die Gesellschafter wohnen beide in Rottweil. Martin ist mit 55 % und Lejla mit 45 % am Gewinn und Verlust der OHG beteiligt; der gewerbesteuerliche Hebesatz beträgt in Rottweil 360 %.

Die OHG ermittelt den Gewinn nach § 5 Abs. 1 EStG. Der vorläufige handelsrechtliche Gewinn für 2014 beträgt **385.000 €**. Bei den Berechnungen sind die nachstehenden Sachverhalte ergänzend zu berücksichtigen:

1) Martin erhält für seine Tätigkeit in der Gesellschaft eine Vergütung in Höhe von 75.000 €, die bereits gewinnmindernd erfasst wurde;

2) Folgende Aufwendungen haben den Gewinn gemindert:

   - Leasingraten für einen betrieblichen Pkw   18.000 €
   - Bewirtungskosten netto   6.800 €
   - Teilwertabschreibung für eine Maschine aufgrund einer
     vorübergehenden Wertminderung   38.000 €
   - Zinsen für ein betriebliches Darlehen   110.000 €
   - Mietaufwand für ein Lagergebäude, das im
     Eigentum von Lejla steht   24.000 €
   - Reisekosten für die Gesellschafterversammlung
     der Gaudi GmbH   1.000 €

3) In den betrieblichen Erträgen sind u. a. enthalten und haben den Gewinn erhöht:

- Auflösung einer Drohverlustrückstellung aus dem
  Jahr 2013   17.000 €
- Ausschüttung von der Gaudi-GmbH, Konstanz; die
  Anteile befinden sich im Betriebsvermögen
  (Anteilsquote 5 %)   15.000 €

4) Lejla hat das Lagergebäude am 1.1.2014 (0 Uhr) für 200.000 € (Einheitswert 50.000 €) erworben – der Anteil für Grund und Boden beträgt
15 %; für die Finanzierung des Kaufpreises hat sie ein Darlehen aufgenommen, für das sie im Jahr 2014 Zinsen in Höhe von 8.000 € bezahlt
hat.

Martin ist mit Vivien Maier, geb. am 27.1.1984, verheiratet; ihr Sohn
Pascal, geb. am 27.12.2009, wohnt in ihrer Wohnung in Rottweil.

Vivien ist Steuerberaterin und hat vor 2 Jahren eine 5 % Beteiligung an der
Taxconsult GmbH (Sitz in Sindelfingen) für 300.000 € gekauft, die sie mit
einem endfälligen Darlehen mit 5 % Zins vollständig fremdfinanziert hat;
die Zinsen für das Jahr 2014 betrugen 15.000 €. Vivien hat im Jahr 2014
von der Taxconsult GmbH eine *(Brutto-)Ausschüttung* von 12.000 € erhalten. Die Taxconsult GmbH hat 3.000 € Kapitalertragsteuer einbehalten. Die
GmbH-Anteile werden von Vivien im Privatvermögen gehalten. Vivien ist
bei der Taxconsult GmbH in Sindelfingen als Steuerberaterin angestellt und
erhält ein angemessenes (Jahres-)Gehalt von 75.000 € im Jahr 2014. Vivien
fährt an 180 Arbeitstagen mit ihrem (privaten) Pkw von ihrer Wohnung
(Rottweil) nach Sindelfingen zur Taxconsult GmbH (einfache Fahrt: 75 km).

Die Kindergartenbeiträge, die von Vivien für Pascal im Jahr 2014 gezahlt
werden, betragen insgesamt 5.700 €. Das Kindergeld wurde den Eltern
Maier im Jahr 2014 gewährt.

Martin Maier erhält von der Sparkasse Rottweil Zinsen vor Kapitalertragsteuer von 2.000 €. Martin und Vivien Maier werden zusammen veranlagt
und haben daher den maximalen Freistellungsauftrag bei der Bank abgege-
ben. Martin Maier hat zu Weihnachten 2014 an Adveniat 200 € gespendet
und dafür eine Spendenbescheinigung erhalten.

Die Kranken- und Pflege(pflicht)versicherung betragen für Martin Maier
3.600 €, davon entfallen auf den Mindeststandard 3.000 €. Vivien und ihr
Sohn Pascal sind in einer gesetzlichen Krankenversicherung versichert. Die
gesetzlichen Kranken- und Pflege(pflicht)versicherungsbeiträge (= Mindeststandard) betragen für Vivien (einschließlich Pascal) insgesamt 7.200 €, von

denen die Hälfte von der Taxconsult GmbH (als Arbeitgeber von Vivien) bezahlt werden. Für private Haftpflichtversicherungen hat sie 600 € überwiesen.

Für Altersvorsorgebeiträge wurden für Vivien an das Steuerberatungsversorgungswerk 15.000 € entrichtet, von denen die Taxconsult die Hälfte der Beiträge bezahlt hat. Martin hat eine Rürup-Rente (Leibrente) abgeschlossen und dafür im Jahr 2014 insgesamt Beiträge in Höhe von 12.000 € gezahlt.

Es ist keine Günstigerprüfung nach der alten Rechtslage (§ 10 Abs. 4a EStG) durchzuführen.

Die einbehaltene Lohnsteuer betrug bei Vivien Maier 22.000 €, die vorausbezahlte Einkommensteuer von Martin Maier betrug für das Jahr 2014 insgesamt 68.000 €.

Der Solidaritätszuschlag und die Kirchensteuer sollen aus Vereinfachungsgründen vernachlässigt werden. Bei Wahlrechten und Anträgen ist so zu verfahren, dass die Ertragsteuern des entsprechenden Jahres minimiert werden sollen!

Fragen:

a) Ermitteln Sie den steuerlichen Gesamtgewinn der MaiVic OHG und die jeweiligen gewerblichen Einkünfte der beiden Gesellschafter!

b) Ermitteln Sie die Höhe der Gewerbesteuer der MaiVic OHG!

c) Wie sind die Einkünfte aus Kapitalvermögen – bei Zusammenveranlagung der Eheleute Maier – zu versteuern, wenn Vivien Maier ökonomisch vorteilhafte Anträge stellt! Ermitteln Sie die Höhe der Abgeltungssteuer für die Zinsen! Stellen Sie dar, wie die Einkünfte aus Kapitalvermögen – unter der Berücksichtigung vorteilhafter Anträge – bei der Summe der Einkünfte einzubeziehen sind!

d) Stellen Sie die Summe der Einkünfte – mit Angabe der Einkünfte je Einkunftsart – bei Zusammenveranlagung der Eheleute Maier dar!

e) Stellen Sie die Überleitung von der „Summe der Einkünfte" bis zum „zu versteuernden Einkommen" der Eheleute Maier dar! Gehen Sie davon aus, dass die Eheleute Maier vorteilhafte Anträge stellen! Eine Günstigerrechnung nach § 10 Abs. 4a EStG ist nicht durchzuführen!

f) Wie hoch ist die festzusetzende und die noch zu zahlende Einkommensteuer (ggf. Erstattung) für die Eheleute Maier bei Zusammenveranlagung!

Lösungshinweise zu Aufgabe 15

Allgemein:

Die OHG ist eine Personengesellschaft, die gem. § 238 HGB buchführungspflichtig ist, d.h. die Gewinnermittlung erfolgt gem. § 5 Abs. 1 EStG (§ 140 AO) i.V.m. § 4 Abs. 1 EStG; Gewerbesteuerpflicht gem. § 2 Abs. 1 GewStG (alle Angaben in €).

a) Berechnung steuerlicher Gewinn gem. § 5 Abs. 1 EStG

Handelsbilanzgewinn		385.000
Teilwertabschreibung § 6 Abs. 1 Nr. 1 Satz 2 EStG (nicht dauerhaft)		+ 38.000
Auflösung Drohverlustrückstellung § 5 Abs. 4a EStG		– 17.000
Steuerbilanzgewinn		406.000
Nicht abziehbare Betriebsausgaben: Bewirtungskosten § 4 Abs. 5 Nr. 2 EStG: 30 % v. 6.800 €, netto		2.040
Steuerfreie Dividende gem. § 3 Nr. 40a EStG; 40 % v. 15.000 €		– 6.000
Reisekosten (40 % nicht abziehbar, § 3c Abs. 2 EStG)		+ 400
Gewinn der Gesellschaft		402.440
Tätigkeitsvergütung Martin		75.000
Mietaufwand Lejla		24.000
Zinsen Finanzierung	– 8.000	
Abschreibung § 7 Abs. 4 Nr. 1 EStG: 200.000 € x 85 % x 3 % =	– 5.100	
		– 13.100
Ergebnis der additiven Gewinnermittlung		**488.340**

Gewerbliche Einkünfte der Gesellschafter

Martin:

55 % vom Gewinn der Gesellschaft	221.342
Tätigkeitsvergütung	75.000
	296.342

Lejla:

45 % vom Gewinn der Gesellschaft	181.098
Vermietung Lagergebäude per Saldo	10.900
	191.998
Gesamt	**488.340**

b)   Höhe der Gewerbeertragsteuer

Ergebnis der additiven Gewinnermittlung		488.340
Hinzurechnungen § 8 GewStG:		
Nr. 1a):		
Zinsen betriebliches Darlehen	110.000	
Zinsen Darlehen Lagerhalle	8.000	
Nr. 1d):		
1/5 Leasingraten	3.600	
	121.600	
Freibetrag	– 100.000	
	21.600	
davon ¼ =		5.400
Dividende (§ 8 Nr. 5 GewStG)		+ 5.600
Nr. 1		
Einheitswert 50.000 x 1,4 x 0,012		
(§ 121a BewG)		– 840
Gewerbeertrag vor Freibetrag		498.500
Freibetrag § 11 Abs. 1 Nr. 1 GewStG		– 24.500
Gewerbeertrag		474.000
Gewerbesteuermessbetrag 3,5 %		
§ 11 Abs. 2 GewStG		16.590
Gewerbesteuer, Hebesatz 360 %		**59.724**

c) Zinsen: § 20 EStG

Abgeltungsteuer: 2.000 ./. 1.602 (§ 20 Abs. 9; PB, ZV) :
Bemessungsgrundlage: 398

Abgeltungsteuer: 398 x 0,25 = 99,50
Nicht in Summe der Einkünfte! (§ 2 Abs. 5b EStG)

Ausschüttung von TaxConsult GmbH → § 20 !
Antrag nach § 32d Abs. 2 Nr. 3 EStG (> 1 % und tätig) zulässig

→ TEV, WK abziehbar und Verlustverrechnung zulässig

(12.000 x 0,6) ./. (15.000 x 0,6) = −1.800 (Verlust verrechenbar)

d) Martin: § 15 EStG

55 % vom Gewinn der Gesellschaft	221.342	
Tätigkeitsvergütung	75.000	
		296.342
§ 19 EStG		
Gehalt Vivien	75.000	
./. Werbungskosten		
(Fahrtkosten 180 x 75 km x 0,3 €)	4.050	
Einkünfte nach § 19 EStG		70.950
§ 20 Negative Einkünfte, verrechenbar		− 1.800
Summe der Einkünfte		**365.492**

e) Sonderausgaben:

Kinderbetreuungskosten (5.700 x 2/3 = 3.800 < 4.000)	3.800
Vorsorgeaufwendungen	
Rentenversicherung (Rürup) 12.000 x 0,78 =	9.360
StB-Versorgungswerk (0,78 x 15.000: 11.700 − 7.500) =	4.200
Krankenversicherung Martin	
(3.000 Mindeststandard > 2.800; § 10 Abs. 4 Satz 4 EStG)	3.000
Kranken-/Pflegeversicherung Vivien	
(7.200 : 2 = 3.600 Mindeststandard > 1.900)	3.600
Haftpflichtversicherung würde unter § 10 Abs. 1 Nr. 3a EStG,	
fallen; Höchstbetrag ist aber wegen „Mindeststandard"-	
Beträgen überschritten	
Spenden (§ 10b EStG)	200
Kinderfreibetrag (Steuersatz 42 % → besser als Kindergeld)	7.008
Zu versteuerndes Einkommen	**334.324**

Gewerbesteuer-Anrechnung:

Gem. § 35 EStG vermindert sich die tarifliche Einkommensteuer um den anteilig auf die Gesellschafter entfallenden Gewerbesteuermessbetrag; Sonderbetriebsein- und -ausgaben bleiben dabei unberücksichtigt.

Martin = 16.590 € x 55 % = 9.124,5 € x 3,8 = 34.673,10,
jedoch max. die anteilige tatsächliche GewSt (360 %)
(§ 35 Abs. 1 Satz EStG) → **32.848**

f)

Festzusetzende ESt

(0,42 x 334.324) – 2 x 8.239 =	123.938
./. GewSt-Anrechnung	– 32.848
+ Kindergeld (§ 66 EStG: 12 x 184 € =)	+ 2.208
	93.298
./. Lohnsteuer Vivien	– 22.000
./. ESt-Vorauszahlungen Martin	– 68.000
./. KapESt Ausschüttung TaxConsult	– 3.000
Noch zu zahlende ESt	**298**

16 Ertragsteuerliche Belastungen bei einer Kapitalgesellschaft

Bearbeitungszeit: 30 Minuten

Schwierigkeitsniveau: leicht bis mittel (Basisstudium Bachelor, Jura)

Stichworte/Inhalte

Gewerbesteuer; Körperschaftsteuer; Einkommensteuer; Gewinnermittlung

Bilanzsteuerrecht, nichtabziehbare Betriebsausgaben, Ausschüttungen, Hinzurechnungen, Teileinkünfteverfahren, Abgeltungsteuer.

Sachverhalt

An der Projektmanagement GmbH, Ludwigshafen, ist Gesellschafter Emil Feierabend zu 100 % beteiligt, der mit seiner Ehefrau Lisa in Mannheim lebt. Emil Feierabend hat mit der GmbH – unter Beachtung der Formvorschriften und des § 181 BGB – einen Geschäftsführervertrag geschlossen, in dem ein angemessenes Geschäftsführergehalt von 60.000 € vereinbart wurde. Bei der GmbH existiert für die Überwachung ein Verwaltungsrat.

Für das laufende Jahr ergibt sich aus der handelsrechtlichen GuV folgender vorläufiger Gewinn (vor Steuerrückstellungen) in €:

Umsatzerlöse (netto)	3.000.000
Ausländische steuerfreie Beratungserträge	1.000.000
Bezogene Leistungen	750.000
Personalaufwand (darunter Geschäftsführergehalt an Emil F. 60.000 €)	1.250.000
Gebäudemiete	120.000
Miete für Kopierer und Pkw an Ehefrau Lisa	100.000
Zinsen für stille Beteiligung an Ehefrau Lisa (7,5 % auf 2.000.000 €)	150.000
100 Aktenkoffer à 50 € (netto) an Geschäftsfreunde	5.000
Verwaltungsratsvergütungen	100.000
Sonstige betriebl. Aufwendungen (einschl. nichtabziehbarer Vorsteuer)	180.950
Vorläufiger Gewinn vor Ertragsteuern	**1.344.050**

Anmerkungen

Die Ehefrau erhält für die stille Beteiligung, die bis zum 31.12. d.J. läuft, eine angemessene Vergütung in Höhe von 7,5 % der Einlage (2.000.000 €), sofern in der GmbH ein Gewinn erzielt wird. Lisa Feierabend ist weder am Verlust noch an den stillen Reserven der GmbH beteiligt.

Emil Feierabend hat für seine Beteiligung an der Projektmanagement GmbH jährlich Finanzierungsaufwendungen von 100.000 €.

Der gewerbesteuerliche Hebesatz soll in Ludwigshafen 360 % betragen.

Emil und Lisa werden getrennt veranlagt.

Sonderausgaben sind nicht zu berücksichtigen!

Fragen

a) Ermitteln Sie die Gewerbeertragsteuer des laufenden Jahres! Geben Sie bei der Ermittlung der Bemessungsgrundlage die Rechtsgrundlagen an!

b) Ermitteln Sie für das laufende Jahr die körperschaftsteuerliche Bemessungsgrundlage und die Höhe der Körperschaftsteuer!

c) Welche ertragsteuerlichen Folgen ergeben sich, wenn Emil Feierabend am 20.3. des folgenden Jahres (Rechtslage: 2014) in der Gesellschafterversammlung der GmbH beschließt, den gesamten handelsrechtlichen Jahresüberschuss als offene Gewinnausschüttung für das Vorjahr auszuschütten? Welche Alternativen gibt es bei der Besteuerung der Ausschüttung für den Gesellschafter?

Lösungshinweise zu Aufgabe 16

a)

Unbeschränkte Körperschaftsteuerpflicht nach § 1 Abs. 1 KStG

Gewerbesteuerpflicht nach § 2 Abs. 2 GewStG

§ 7 GewStG: Gewerbesteuerliche Bemessungsgrundlage auf der Basis der einkommen- und körperschaftsteuerlichen Vorschriften (alle Angaben in €).

Vorläufiger Gewinn		1.344.050
./. ausländische steuerfreie Erträge		1.000.000
+ Sachgeschenke (§ 4 Abs. 5 EStG i. V. m. § 15 Abs. 1a Nr. 1 UStG u. § 10 Nr. 2 KStG)		5.950
+ 50 % Verwaltungsrat (§ 10 Nr. 4 KStG)		50.000
Körperschaftsteuerliche Bemessungsgrundlage		400.000
+ Hinzurechnungen § 8 Nr. 1 GewStG		
stille Beteiligung (Nr. 1c)	150.000	
+ 20 % Miete Mobilien (Nr. 1d)	20.000	
+ 50 % Miete Immobilien (Nr. 1e)	60.000	
Zwischensumme Hinzurechnungen § 8 Nr. 1	230.000	
./. Freibetrag	100.000	
	130.000	
+ hiervon 25 % Hinzurechnung		32.500
Gewerbesteuerliche Bemessungsgrundlage		**432.500**

Gewerbesteuer = 432.500 x (0,035 x 3,60) = 54.495

b)

Körperschaftsteuerliche Bemessungsgrundlage: 400.000

Gewerbesteuer keine Betriebsausgabe nach § 4 Abs. 5b EStG

Körperschaftsteuer: 400.000 x 0,15 = **60.000**

c)

Keine Konsequenzen im Jahr 2013; im Jahr 2014:

Einnahmen nach § 20 EStG (alle Angaben in €):

1.344.050 ./. 54.495 (GewSt) ./. 60.000 (KSt) = 1.229.555

Anteile im Privatvermögen § 20 EStG
(ohne Antrag nach § 32d EStG)

Ausschüttung	1.229.555
./. Sparer-Pauschbetrag (§ 20 Abs. 9 EStG)	801
Bemessungsgrundlage für Abgeltungsteuer	1.228.754

Beachte: keine Abziehbarkeit von Werbungskosten (z. B. Finanzierung)!

Abgeltungsteuer (1.228.754 x 0,25): **307.188,50 €**

Gesamtsteuerbelastung: 54.495 + 60.000 + 307.188 = **421.683**

Anteile im Betriebsvermögen (§ 15 oder §18 EStG) oder Antrag nach § 32d Abs. 2 Nr. 3 EStG)	1.229.555
./. 40 % (§ 3 Nr. 40 EStG; Teileinkünfteverfahren)	491.822
Einkünfte nach § 15 oder §18 EStG	737.733
./. 60 % Finanzierungskosten (§ 3c Abs. 2 EStG)	60.000
	677.733

Steuer nach § 32a Abs. 1 Nr. 5: (677.733 x 0,45) – 15.761 = **289.218 €** (besser).

17 Ertragsteuerliche Behandlung von Geschäftsführergehältern und Gewinnausschüttungen

Bearbeitungszeit: 30 Minuten

Schwierigkeitsniveau: leicht bis mittel (Basisstudium Bachelor)

Stichworte/Inhalte

Gewerbesteuer; Körperschaftsteuer; Einkommensteuer

Dividenden, verdeckte Gewinnausschüttungen (vGA), Ausschüttungen, Teileinkünfteverfahren, Hinzurechnungen, Kürzungen, Abgeltungsteuer.

Frage A

Erläutern Sie die einkommen-, gewerbe- bzw. körperschaftsteuerliche Behandlung des Bezugs von Dividenden (Annahme: 50.000 €) einschließlich der damit zusammenhängenden Aufwendungen (Annahme 10.000 €), wenn der Empfänger der Dividenden

– eine Kapitalgesellschaft (Beteiligung > 10 %),

– eine gewerblich tätige Personengesellschaft, an der nur natürliche Personen als Anteilseigner beteiligt sind, oder

– eine natürliche Person (Anteilsquote 0,5 %; Anteile im Privatvermögen)

ist. (18 Minuten)!

Frage B

Erläutern Sie die ertragsteuerlichen Auswirkungen eines Geschäftsführergehalts in Höhe von 150.000 €, das ein Gesellschafter

– von einer Personengesellschaft (OHG) oder

– von einer GmbH

erhält und das zu einem Drittel (also zu 50.000 €) unangemessen ist.

Gehen Sie auf die ertragsteuerlichen Auswirkungen bei der Gesellschaft (OHG bzw. GmbH) und beim Gesellschafter (unter Angabe der Einkunftsarten und der Summe der Einkünfte) ein.

(12 Minuten)!

Lösungshinweise zu Aufgabe 17

Frage A:
Kapitalgesellschaften/Körperschaftsteuer:

Die erhaltene Dividende ist nach § 8b Abs. 1 KStG bei der empfangenden Kapitalgesellschaft steuerfrei.

Allerdings gelten 5 % der Dividende nach § 8b Abs. 5 KStG als nichtabziehbare Betriebsausgaben. Fasst man beide Regelungen zusammen, sind 95 %, also 47.500 € steuerfrei. Die damit zusammenhängenden Aufwendungen (10.000 €) bleiben abziehbar, da § 8b Abs. 5 KStG die Anwendung des § 3c Abs. 1 EStG ausschließt.

Gewerbesteuer:

Gewerbesteuerlich ist zu unterscheiden, ob eine Beteiligung an der ausschüttenden Kapitalgesellschaft von kleiner als 15 % – dann Hinzurechnung – oder von mehr (dann sog. Schachtelgesellschaft nach § 9 Nr. 2a GewStG) vorliegt.

Beteiligungsquote < 15 % (Unterscheidung nach § 9 Nr. 2a GewStG): Hinzurechnung nach § 8 Nr. 5 GewStG:

Es ist nicht der volle Betrag der Dividende hinzuzurechnen; der schon im Gewerbeertrag enthaltene Betrag nach § 8b Abs. 5 KStG ist bei der Hinzurechnung abzuziehen. Der Hinzurechnungsbetrag nach § 8 Nr. 5 GewStG beträgt somit 47.500 €. Somit ist die volle bezogene Dividende bei einer Beteiligungsquote von weniger als 15 % gewerbesteuerpflichtig.

Beteiligungsquote ≥ 15 %:

Kürzung nach § 9 Nr. 2a GewStG: Grundsätzlich wäre der im körperschaftsteuerlichen Einkommen noch enthaltene Gewerbeertrag zu kürzen. Allerdings legt Satz 4 des § 9 Nr. 2a GewStG fest, dass die fiktiv nichtabziehbaren Betriebsausgaben nach § 8b Abs. 5 KStG nicht als Gewinne gelten und daher beim Gewerbeertrag der empfangenen Kapitalgesellschaft nicht gekürzt werden dürfen. Daher unterliegen 5 % der Dividende auch bei Beteiligungen von mindestens 15 % der Gewerbesteuer.

Gewerbliche Personengesellschaft:
Einkommensteuer:

Bei der gewerblichen Personengesellschaft liegt grundsätzlich Betriebsvermögen vor. Einkommensteuerlich wird teilweise die Steuerfreistellung nach

§ 3 Nr. 40 EStG den Gesellschaftern zugerechnet. Daraus folgt, dass 40 % der Dividende nach dem Teileinkünfteverfahren einkommensteuerlich nicht zu erfassen sind. Von den damit in Verbindung stehenden Aufwendungen dürfen nach § 3c Abs. 2 EStG nur 60 % als Betriebsausgabe abgezogen werden. Folglich unterliegen (50.000 ./. 10.000) x 0,6 = 24.000 € bei den Gesellschaftern – entsprechend ihrer Beteiligungsquote am Ergebnis – der persönlichen Einkommensteuer der Gesellschafter.

Gewerbesteuer:
Beteiligungsquote < 15 % (Unterscheidung nach § 9 Nr. 2a GewStG):

Die Steuerbefreiung nach dem Teileinkünfteverfahren ist im Rahmen der Hinzurechnung wieder rückgängig zu machen. Die Hinzurechnung beträgt (20.000 € – 4.000 €) = 16.000 €. Der Abzugsbetrag von 4.000 € entspricht den einkommensteuerlich nichtabziehbaren Aufwendungen, die schon im Gewerbeertrag enthalten sind. Der Gewerbesteuer unterliegen dann 40.000 €, also 50.000 € Dividende abzüglich der damit zusammenhängenden Aufwendungen in Höhe von 10.000 €.

Beteiligungsquote ≥ 15 %:

Hier greift die Kürzung nach § 9 Nr. 2a GewStG. Danach ist der – nach Anwendung des Teileinkünfteverfahrens – verbleibende Gewerbeertrag in Höhe von 24.000 € zu kürzen (60 % von 50.000 € = 30.000 € abzüglich 60 % von 10.000 € [Aufwendungen]). Folglich verbleibt nach der Kürzung ein Gewerbeertrag von Null. Es fällt folglich keine Gewerbesteuer auf die Dividende an.

Natürliche Person:

Ist der Anteilseigner eine natürliche Person und werden die Anteile im Privatvermögen gehalten, liegen Einnahmen nach § 20 EStG vor. Daher gilt die Abgeltungsteuer von 25 %. Die tatsächlichen Aufwendungen dürfen nach § 20 Abs. 9 EStG nicht abgezogen werden. Dafür gilt der Sparer-Pauschbetrag von 801 €. Der Abgeltungsteuer unterliegen somit 49.199 €.

Dieser Betrag ist nicht bei der Summe der Einkünfte und beim zu versteuernden Einkommen nach § 2 Abs. 5b EStG einzubeziehen.

Das Teileinkünfteverfahren mit der Anwendung des persönlichen Steuersatzes ist nicht anwendbar, da ein Antrag nach § 32d Abs. 2 Nr. 3 EStG nicht gestellt werden darf, da die Anteilsquote unter 1 % ist.

Frage B:
Personengesellschaft (OHG):

Auf der Ebene der Gesellschaft gilt das Geschäftsführergehalt als Aufwand. Allerdings ist das gesamte Gehalt als Sonderbetriebseinnahme im Rahmen der additiven Gewinnermittlung zu erfassen. Damit zählt es beim Gesellschafter als Einkünfte nach § 15 Abs. 1 Nr. 2 EStG komplett zu den gewerblichen Einkünften. Der Gesellschafter-Geschäftsführer hat somit für das Gehalt Einkommensteuer zu entrichten. Bei der OHG ist das Gehalt als Sonderbetriebseinnahme im Gewerbeertrag enthalten. Somit hat die OHG für das Gehalt Gewerbesteuer zu bezahlen.

Kapitalgesellschaft (GmbH):

Das Geschäftsführergehalt wird handelsrechtlich in der Gewinn- und Verlustrechnung in voller Höhe als Personalaufwand gebucht. Körperschaftsteuerlich gilt es in Höhe des angemessenen Teils als Betriebsausgabe. Der unangemessene Teil ist als verdeckte Gewinnausschüttung (vGA nach § 8 Abs. 3 Satz 2 KStG, Abschnitt 36 KStR) bei der steuerlichen Gewinnermittlung der GmbH hinzuzurechnen. Damit unterliegt die vGA bei der GmbH der Körperschaftsteuer und der Gewerbesteuer.

Beim Gesellschafter ist das Gehalt in Höhe des angemessenen Teils als Einnahme nach § 19 EStG zu erfassen. Davon sind die Werbungskosten oder der Arbeitnehmer-Pauschbetrag (§ 9a Nr. 1a EStG) abzuziehen.

Der unangemessene Teil des Gehalts, also die vGA gilt als Einnahme i. S. d. § 20 EStG. Wenn die Anteile im Privatvermögen gehalten werden, unterliegt die vGA der Abgeltungsteuer von 25 %, wobei von den Einnahmen der Sparer-Pauschbetrag nach § 20 Abs. 9 EStG von 801 € abgezogen werden kann. In diesem Fall ist die vGA in der Summe der Einkünfte und im zu versteuernden Einkommen nach § 2 Abs. 5b EStG nicht enthalten.

Beträgt die Anteilsquote des Geschäftsführers an der GmbH mindestens 1 % kann wegen der Tätigkeit als Geschäftsführer ein Antrag nach § 32d Abs. 2 Nr. 3 EStG gestellt werden; in diesem Fall gilt – bei Anwendung des persönlichen Steuersatzes – das Teileinkünfteverfahren (Steuerfreiheit von 40 % nach § 3 Nr. 40 EStG), wobei auch 60 % der zusammenhängenden Aufwendungen nach § 3c Abs. 2 EStG abziehbar sind.

Sofern die Anteile an der GmbH nicht Privatvermögen, sondern im Betriebsvermögen gehalten werden, zählt die vGA zu den Gewinneinkunftsarten (§ 15 oder § 18 EStG); somit ist für die vGA das Teileinkünfteverfahren mit der Anwendung des persönlichen Steuersatzes zwingend anzuwenden.

18 Einkommen-, Gewerbe- und Körperschaftsteuer

Bearbeitungszeit: 60 Minuten

Schwierigkeitsniveau: mittel bis hoch (Steuern Bachelor, Masterstudium)

Stichworte/Inhalte

Gewerbesteuer; Körperschaftsteuer; Einkommensteuer; Gewinnermittlung

Bilanzsteuerrecht, Differenzen, nichtabziehbare Betriebsausgaben, Beiratsvergütung, Dividenden, Zinsschranke, EBITDA, verdeckte Gewinnausschüttung (vGA), Ausschüttungen, Teileinkünfteverfahren, Abgeltungsteuer.

Sachverhalt

Die Glühfix GmbH mit Sitz in Pforzheim (Eigenkapitalquote: 10 %; Hebesatz: 380 %), deren Kapitalanteile und Stimmrechte zu 80 % der Design AG mit Sitz in Karlsruhe (Eigenkapitalquote: 30 %) und zu 20 % Tobi Rafner (ledig, wohnhaft in Pforzheim) gehören, hat im Jahr 2014 folgende verkürzte Gewinn- und Verlustrechnung (in €):

Umsatzerlöse (netto)	14.800.000
Wareneinsatz (netto)	4.400.000
Personalaufwand (einschließlich Geschäftsführer-Gehalt an Tobi Rafner: 250.000 €)	2.760.000
Mietaufwand für Betriebsgebäude an fremde Immobilien AG	600.000
Dividendenertrag (Brutto) von der Leuchten AG (Anteilsquote der Glühfix GmbH an der Leuchten AG: 12 %)	200.000
Fremdfinanzierungskosten an die Design AG, Karlsruhe	4.400.000
Aufwendungen aus der Bildung von Drohverlustrückstellungen	200.000
Außerplanmäßige Abschreibungen (= Teilwertabschreibungen) wegen dauerhafter Wertminderung	400.000
Planmäßige Abschreibungen (= AfA)	850.000
Abschreibungen auf GWG und nach § 6 Abs. 2a EStG	10.000
Rechtsberatungskosten bezüglich der Aktionärsrechte an der Leuchten AG	16.000
Vergütung für die überwachenden Beiratsmitglieder	24.000
Sonstige betriebliche Aufwendungen	182.000
Vorläufiger Gewinn vor Ertragsteuern	**1.158.000**

Anmerkungen

Ein vergleichbares angemessenes Geschäftsführer-Gehalt würde 190.000 € betragen. Das Geschäftsführer-Gehalt von Tobi Rafner, das im Jahr 2014 ausgezahlt wird, beträgt hingegen 250.000 €. Im Jahr 2015 soll hinsichtlich des Gehalts und für den Drittvergleich die gleiche Höhe gelten.

Tobi Rafner hält die Anteile an der Glühfix-GmbH im Privatvermögen und hat seine Anteile an der Glühfix GmbH fremdfinanziert. Er zahlt sowohl im Jahr 2014 als auch im Jahr 2015 jeweils 20.000 € an Zinsen für dieses Darlehen.

Die Glühfix GmbH schüttet am 20.3.2014 für das Jahr 2013 insgesamt 200.000 € (vor Abzug der Kapitalertragsteuer) an die Anteilseigner (Design AG: 80 %; Tobi Rafner 20 %) aus. Im April 2015 wird von der Glühfix GmbH der gesamte Jahresüberschuss des Jahres 2014 an die Anteilseigner ausgeschüttet.

Fragen

a) Ermitteln Sie für das Jahr 2014 die Gewerbe- und Körperschaftsteuer für die Glühfix GmbH!

b) Wie hoch ist der handelsrechtliche Jahresüberschuss der Glühfix GmbH für das Jahr 2014 (ohne latente Steuern)?

c) Ermitteln Sie für das Jahr 2014 die Höhe der Summe der Einkünfte von Tobi Rafner, wenn er die Finanzierungsaufwendungen abziehen will! Erläutern Sie, welchen Antrag er stellen muss!

d) Berechnen Sie für das Jahr 2015 die Höhe der zu zahlenden Einkommensteuer von Tobi Rafner, wenn Tobi Rafner gegenüber dem Finanzamt keine gesonderten Anträge stellt und die abziehbaren Sonderausgaben 7.920 € betragen!

e) Prüfen Sie, ob Tobi Rafner für den Veranlagungszeitraum 2015 durch das Stellen gesonderter Anträge (genaue §§-Angabe!) Einkommensteuer sparen kann. Ermitteln Sie den Differenzbetrag im Vergleich zur Aufgabe d)!

Lösungshinweise zu Aufgabe 18

a)

Unbeschränkte Steuerpflicht:

Gewerbesteuerpflicht nach § 2 Abs. 2 GewStG

Körperschaftsteuerpflicht nach § 1 Abs. 1 KStG	€
Handelsrechtlicher Gewinn vor Steuern	1.158.000
+ Aufwendungen aus Bildung der Drohverlust-Rückstellung (§ 5 Abs. 4a EStG)	200.000
+ Beiratsvergütung (§ 10 Nr. 4 KStG) 0,5 x 24.000	12.000
./. Dividende (steuerfrei nach § 8b Abs. 1 KStG)	200.000
+ 5 % der Dividende (fiktive nichtabziehbare Betriebsausgabe nach § 8b Abs. 5 KStG; keine Addition der Rechtsanwaltskosten nach § 3c Abs. 1 EStG)	10.000
+ verdeckte Gewinnausschüttung (unangemessenes Gehalt)	60.000
maßgeblicher Gewinn der Gesellschaft	**1.240.000**

Zinsschranke (§ 4h EStG, § 8a KStG);
Konzernverbund ja, Design AG 80 %

Zinssaldo (Zinsaufwand ./. Zinsertrag)
im Konzernverbund > 3.000.000; § 4h Abs. 1 EStG

→ Zinsaufwendungen nur abziehbar in Höhe 30 % des EBITDA

maßgeblicher Gewinn der Gesellschaft	**1.240.000**
+ Abschreibungen, § 7 EStG	850.000
+ § 6 Abs. 2 und Abs. 2a EStG (keine Teilwertabschreibung!)	10.000
+ Zinsaufwand	4.400.000
EBITDA	6.500.000

→ Escape-Klausel bezüglich der Eigenkapitalquote (§ 4h Abs. 2 Buchst. c EStG) greift nicht, da FK/EK der Gesellschaft (90/10) größer ist als FK/EK des Konzerns (70/30)

30 % von 6.500.000: 1.950.000
= abziehbare Zinsen bei körperschaftsteuerlicher Bemessungsgrundlage

	€
maßgeblicher Gewinn der Gesellschaft	**1.240.000**
+ nichtabziehbare Zinsen (§ 4h EStG)	2.450.000
steuerlicher Gewinn (kstl. Bemessungsgrundlage)	**3.690.000**

Körperschaftsteuer: § 23 Abs. 1 KStG:
3.690.000 x 0,15 = 553.500

zu Gewerbesteuer:

Hinzurechnungen § 8 Nr. 1a GewStG (abziehbare Zinsen)	1.950.000
§ 8 Nr. 1e (50 % v. 600.000; Miete an Dritte)	300.000
	2.250.000
Abzüglich Freibetrag	− 100.000
	2.150.000

Hinzurechnungsbetrag von § 8 Nr. 1 nach Abzug des Freibetrags von 100.000, hiervon 25 %: 2.150.000 x 0,25 =	537.500

Hinzurechnung (Beteiligung < 15 %)

§ 8 Nr. 5 GewStG (200.000 ./. 10.000; fiktiv nichtabziehbare bare Aufwendungen, die körperschaftsteuerlich nach § 8b Abs. 5 KStG hinzugerechnet werden, sind bei der Hinzurechnung abzuziehen)	+ 190.000

Gewerbeertrag § 7 GewStG:
Körperschaftsteuerliche Bemessungsgrundlage + Hinzurechnungen:

3.690.000 + 537.500 + 190.000 = 4.417.500

§ 11 Abs. 2 GewStG: Gewerbesteuer-Messbetrag:
4.417.500 x 0,035 = 154.612,50

Gewerbesteuer: 154.612,5 x 380 % = **587.527** (abgerundet)

b)

zu Jahresüberschuss:

vorläufiger handelsrechtlicher Gewinn	1.158.000
./. Gewerbesteuer	587.527
./. Körperschaftsteuer	553.500
Jahresüberschuss	16.973

c)

Tobi Rafner 2014; unbeschränkt einkommensteuerpflichtig	€
§ 19 EStG angemessenes Gehalt:	190.000
Werbungskosten-Pauschbetrag (§ 9a Nr. 1a EStG):	1.000
Einkünfte nach § 19 EStG	189.000

Bei Antrag nach § 32d Abs. 2 Nr. 3 EStG gilt Teileinkünfteverfahren und anteiliger Werbungskostenabzug nach § 3c Abs. 2 EStG (60 %)

vGA-unangemessener Teil des Geschäftsführer-Gehalts
→ § 20 EStG: 60.000

§ 20 Abs. 1 Nr. 1:	oGA:	200.000 x 0,2 x 0,6 (TEV) =	24.000
	vGA:	60.000 x 0,6 (TEV) =	36.000
Werbungskosten (§ 3c Abs. 2): 20.000 x 0.6 =			– 12.000
Einkünfte nach § 20 EStG			48.000

Summe der Einkünfte: 189.000 + 48.000 = 237.000

d)

Keine Anträge in 2015:

Kapitaleinkünfte: Abgeltungsteuer für oGA und vGA:

[16.973 x 0,2 = 3.394 (oGA; abgerundet) + 60.000 (vGA) – 801 (§ 20 Abs. 9: Sparer-Pauschbetrag, kein Abzug tatsächlicher Werbungskosten)]

Abgeltungsteuer: 62.593 x 0,25 = 15.648,25

Summe der Einkünfte (ohne Kapitaleinkünfte; § 2 Abs. 5b EStG)

= Einkünfte nach § 19 EStG: 189.000 (= 190.000 – 1.000)

zu versteuerndes Einkommen (z. v. E.): 189.000 – 7.920 = 181.080

Einkommensteuer nach § 32a Abs. 1 Nr. 4:
(181.080 x 0,42) – 8.239 = 76.053,60 – 8.239 = 67.814,60 (abrunden)

Einkommensteuer (gesamt): 15.648,25 + 67.814 = **83.462,25**

e)

Antrag nach § 32d Abs. 2 Nr. 3 EStG

→ Teileinkünfteverfahren § 3 Nr. 40d) EStG,

Abzug von Werbungskosten zu 60 %, § 3c Abs. 2 EStG;

kein Sparer-Pauschbetrag i. S. d. § 20 Abs. 9 EStG

Angemessenes Geschäftsführergehalt: § 19 EStG: 189.000

§ 20 EStG: $(3.394 \times 0,6) + (60.000 \times 0,6) - (20.000 \times 0,6) = 26.036$ (abgerundet)

z. v. E.: $215.036 - 7.920 = 207.116$

Einkommensteuer: § 32a Abs. 1 Nr 4:

$(207.116 \times 0,42) - 8.239 =$ **78.749,72**

→ Einkommensteuer geringer bei Antrag ($< 83.462,25$).

19 Gewinnermittlung und Rechtsformvergleich*

Bearbeitungszeit: 80 Minuten

Schwierigkeitsgrad: mittel bis hoch (Bachelor, Jura Schwerpunkt Steuern)

Stichworte/Inhalt

Einkommensteuer; Gewerbesteuer; Körperschaftsteuer

Gewerbliche Einkünfte, Steuerbilanzrecht, Sondervergütungen, Sonderbetriebseinnahmen, Sonderbetriebsausgaben, nichtabziehbare Betriebsausgaben, bilanzsteuerrechtliche Differenzen, Realisationsprinzip, Teilwertabschreibungen, Vermietung, Dividenden, Teileinkünfteverfahren, Hinzurechnungen, Kürzungen, Einkommensteuer, Einkunftsarten, Summe der Einkünfte, Zusammenveranlagung, Splittingtarif, Festsetzung der Einkommensteuer, Vergütungen an Gesellschafter von Kapitalgesellschaften, Rechtsformvergleich.

Sachverhalt

An der gewerblich tätigen Röhricht & Brösel OHG sind die beiden Gesellschafter Werner Brösel (verheiratet mit Elvira Brösel) und Rolf Röhricht (ledig) mit jeweils 50 % beteiligt. Die Gesellschaft hat ihren Sitz und ihre einzige Betriebsstätte in Köln (gewerbesteuerlicher Hebesatz: 475 %) und ist voll vorsteuerabzugsberechtigt.

Die OHG hat für das Wirtschaftsjahr vom 01.01.14 bis zum 31.12.14 einen vorläufigen (handelsrechtlichen) Jahresabschluss erstellt, dessen Gewinn- und Verlustrechnung einen **Jahresüberschuss i.H.v. 250.000 €** ausweist. Hierbei sind nachfolgend dargestellte Sachverhalte wie jeweils beschrieben berücksichtigt worden:

1) Werner und Rolf erhalten jeweils von der OHG eine Vergütung für ihre Geschäftsführungstätigkeit i.H.v. 3.000 € monatlich, die von der OHG als Aufwand erfasst wurde (in der Summe also 72.000 € für 12 Monate). Werner kann Aufwendungen i.H.v. 4.500 € nachweisen, die unstrittig im Zusammenhang mit seiner Geschäftsführungstätigkeit stehen. Rolf kann keine derartigen Aufwendungen nachweisen.

* Für die Überlassung der (geringfügig modifizierten) Klausur danke ich Herrn **WP/StB Prof. Dr. Rainer Jurowsky,** Fachhochschule Düsseldorf – Fachbereich Wirtschaft, sehr.

2) Die OHG hat am 28.12.14 einem Kunden eine größere Warenlieferung zugestellt, die Rechnung hierzu (45.000 € zzgl. gesetzlicher Umsatzsteuer) aber erst am 05.01.15 an den Kunden versandt. Die vollständige Zahlung dieser Rechnung erfolgt am 28.01.15. Die OHG hat die Forderungen gegenüber dem Kunden mit Versand der Rechnung am 05.01.15 und somit den Umsatz für das Jahr 15 gebucht.

3) Die OHG hat am 23.11.14 eine Abwertung von Vorräten wegen einer vorübergehenden Wertminderung i. H. v. 4.000 € vorgenommen.

4) Rolf hat der OHG seit fünf Jahren ein betriebliches Lagergrundstück (Einheitswert: 450.000 €) vermietet und hierfür im Jahr 14 insgesamt 60.000 € (ohne Umsatzsteuer) als Mieteinnahmen erzielt. Die Mietzahlungen wurden von der OHG zutreffend als Aufwand verbucht. Im Zusammenhang mit der Vermietung sind Rolf Kosten (einschließlich AfA) i. H. v. 10.000 € (ohne Umsatzsteuer) entstanden. Zusätzlich ist zu berücksichtigen, dass Rolf den Erwerb des Lagergrundstücks vor fünf Jahren fremdfinanziert und dieses Darlehen 2014 mit einem Betrag von 7.500 € getilgt und auf dieses Darlehen 2014 4.500 € Zinsen gezahlt hat. Das Grundstück wird von Rolf Ende Dezember 2014 mit einem Veräußerungsgewinn i. H. v. 75.000 € an einen Dritten veräußert.

5) Unter der Position „Steuern vom Einkommen und Ertrag" werden von der OHG gebucht:

   – Die vierteljährlichen Einkommensteuervorauszahlungen von Werner und Rolf i. H. v. jeweils 7.500 € pro Gesellschafter, in der Summe also für 14 insgesamt 60.000 €;

   – Die vierteljährlichen Gewerbesteuervorauszahlungen der OHG mit einem Gesamtbetrag für 14 i. H. v. 30.000 €;

   – Kapitalertragsteuer i. H. v. 2.000 €, die von der Deutsche Bank AG, Düsseldorf, auf Zinserträge einbehalten wurde, die der OHG im Laufe des Jahres 14 zugeflossen sind. Die Verbuchung der Zinserträge erfolgt zutreffend.

Fragen

1) Ermitteln Sie die Gewerbesteuerbelastung der OHG für das Wirtschaftsjahr 14 und die Einkommensteuerbelastung für die Eheleute Brösel sowie für Rolf Röhricht für das Kalenderjahr 14. Gehen Sie hierbei davon aus, dass alle genannten Personen keine weiteren als die genannten Einkünfte erzielen. Bei den Eheleuten Brösel sind ohne weitere Prüfung 7.000 € und bei Rolf Röhricht 4.200 € als Sonderausgaben zu berücksichtigen.

2) Gehen Sie in einer Alternativbetrachtung davon aus, dass es sich hinsichtlich der OHG um eine GmbH handelt. Alle übrigen Angaben sollen unverändert bleiben, allerdings handelt es sich bei der als Aufwand verbuchten Steuer aus 7a. nicht um die Einkommensteuervorauszahlungen der beiden Gesellschafter, sondern um die Körperschaftsteuervorauszahlung der GmbH selbst. Berechnen Sie unter dieser Annahme die gesamte Ertragsteuerbelastung der GmbH und die Einkommensteuerbelastung für Rolf Röhricht sowie für die Eheleute Brösel.

Anmerkung

Es gilt die Rechtslage zum 01.01.2014.
Sofern sich im Rahmen Ihrer Lösung Wahlmöglichkeiten ergeben, gehen Sie von der Lösung aus, die zu einer Minimierung der steuerlichen Belastung in dem betreffenden Jahr führt. Ggf. erforderliche Anträge gelten als gestellt und Nachweise als erbracht.

Lösungshinweise zu Aufgabe 19

1 a) Ermittlung Gewerbesteuer (Angaben in €)

Gewerbesteuerpflicht gem. § 2 Abs. 1 GewStG
i. V. m. § 15 EStG (OHG)

Gewinn vor Ertragsteuern	250.000
+ Umsätze sind nach dem Realisationsprinzip mit der Auslieferung (Gefahrenübergang) auszuweisen	45.000
+ steuerlich nicht anerkannte Abschreibung der Vorräte wegen vorübergehender Wertminderung (§ 6 Abs. 1 Nr. 2 EStG)	4.000
+ Einkommensteuervorauszahlung der Gesellschafter und Kapitalertragsteuer sind Ertragsteuern der Gesellschafter Keine Verbuchung als Steueraufwand der OHG	62.000
Bilanzsteuerrechtlicher Gewinn der OHG	361.000
+ Nichtabziehbare Gewerbesteuervorauszahlung § 4 Nr. 5b EStG	30.000
Einkommensteuerlicher Gewinn der OHG	*391.000*
+ SBE Gehaltszahlung an Werner und Rolf	72.000
./. SBA Aufwendungen im Zusammenhang mit der Geschäftsführertätigkeit Werners	– 4.500
+ SBE Miete an Rolf	60.000
./. SBA Grundstückskosten von Rolf	– 10.000
./. Zinsen aus Grundstücksfinanzierung	– 4.500
+ Veräußerungsgewinn des Grundstücks im SBV (Rücklage nach § 6b Abs. 4 Nr. 2 EStG nicht möglich, da Behaltefrist nur 5 Jahre, also weniger als 6 Jahre ist)	75.000
Einkommensteuerlicher Gesamtgewinn der Mitunternehmerschaft (OHG)	*579.000*

Gewerbesteuerliche Hinzurechnungen § 8 GewStG:

Nr. 1a Zinsen	4.500	
./. Freibetrag	– 100.000	
	0	
./. Kürzung des Grundstücks im SBV § 9 Nr. 1 GewStG 1,2 % von (450.000 x 1,4; § 121a BewG) = 0,012 x 630.000		– 7.560
Zwischensumme		571.440

Übertrag Zwischensumme	*571.440*
./. Abrundung § 11 Abs. 1 Satz 3 GewStG	– 40
./. Freibetrag § 11 Abs. 1 Nr. 1 GewStG	– 24.500
Vorläufiger Gewerbeertrag (vor GewSt-Rst.)	546.900
Ermittlung des Gewerbesteuermessbetrags	
546.900 x 0,035	19.141,50
Gewerbesteuer der OHG: 19.141,50 x 4,75 =	**90.922**

1 b) Ermittlung der Einkommensteuer der Eheleute Brösel (Angaben in €)

Einkünfte § 15 Abs. 1 Nr. 2 EStG	Werner	Elvira
+ SBE	36.000	
./. SBA	– 4.500	
+ Gewinnquote (391.000 x 50 %)	195.500	
	227.000	
Summe der Einkünfte der Eheleute		227.000
./. Sonderausgaben laut Sachverhalt		– 7.000
Einkommen = z.v.E.		220.000
Hälftiges z.v.E. (wegen Zusammenveranlagung, § 32a Abs. 5 EStG)		110.000
Hierauf tarifliche Einkommensteuer gem. § 32a Abs. 1 Nr. 4 EStG		37.961
Verdopplung = tarifliche Einkommensteuer der Ehegatten wegen Zusammenveranlagung (§ 32a Abs. 5 EStG)		75.922
Anrechnung Gewerbesteuer § 35 EStG:		36.368,85

Anrechnungspotenzial:

Steuermessbetrag	19.141,50	
x 3,8-fach	72.737,70	
Hiervon 50%-Quote	36.368,85	
Anrechnungshöchstbetrag:	75.922	

Festzusetzende Einkommensteuer **(= Einkommensteuerbelastung)**	**39.553,15**

1 c) Ermittlung der Einkommensteuer von Rolf Röhricht (Angaben in €)

Einkünfte § 15 Abs. 1 Nr. 2 EStG

+ Sonderbetriebseinnahmen	171.000	
./. Sonderbetriebsausgaben	– 14.500	
+ Gewinnquote (391.000 x 50 %)	195.500	
	352.000	
Summe der Einkünfte		352.000
./. Sonderausgaben laut Sachverhalt		– 4.200
Einkommen = z. v. E.		347.800
Hierauf tarifliche Einkommensteuer gem. § 32a Abs. 1 Nr. 5 EStG		140.749
Anrechnung Gewerbesteuer § 35 EStG:		36.368,85
Festzusetzende Einkommensteuer (= Einkommensteuerbelastung)		**104.380,15**

2 a) Unterschiede beim Gewerbeertrag und der Körperschaftsteuer

Als wesentliche Unterschiede zum Grundfall (OHG) ist im Alternativfall (GmbH) zu berücksichtigen, dass bei dieser kein SBV (SBE/SBA) zu berücksichtigen ist, sondern dass die entsprechenden Beträge innerhalb der Überschusseinkunftsarten (§§ 20, 21 EStG) anfallen. Rolfs Grundstück stellt in diesem Fall steuerliches Privatvermögen dar, hinsichtlich dessen die „Spekulationsfrist" gem. § 23 EStG noch nicht abgelaufen ist, d. h. der Gewinn aus der Veräußerung des Grundstücks ist steuerbar. Das Geschäftsführergehalt ist bei der GmbH eine Betriebsausgabe und fällt bei den Geschäftsführern unter die Einnahmen nach § 19 EStG. Die von der GmbH gezahlte Körperschaftsteuervorauszahlung und die Kapitalertragsteuer stellt die eigene Ertragsteuerbelastung der GmbH dar und ist daher als Steueraufwand zu buchen, allerdings außerbilanziell als nichtabzugsfähige Betriebsausgabe wieder hinzuzurechnen (im Ergebnis also kein Unterschied zu OHG). Alle übrigen Punkte werden identisch zur OHG behandelt, so dass vom steuerlichen Gewinn der OHG (siehe Grundfall) ausgegangen werden kann.

	€
Einkommensteuerlicher Gesamtgewinn der Mitunternehmerschaft	579.000
./. keine Sonderbetriebsergebnisse bei einer Kapitalgesellschaft	– 188.000
./. Aufwandsverbuchung der KSt und KapErtrSt	– 62.000

Aber: außerbilanzielle Korrektur der KSt und
KapErtrSt nach § 10 Nr. 2 KStG: + 62.000

z. v. E. (§ 7 Abs. 1, § 8 Abs. 1 KStG)
(= Ausgangsgröße der GewSt, § 7 GewStG)   **391.000**

KSt der GmbH (§ 23 Abs. 1 KStG: 15 %)   **58.650**

Gewerbesteuerliche Hinzurechnungen § 8 GewStG:
Nr. 1e   50 % Miete Immobilie   30.000
      ./. Freibetrag   – 100.000
                                         0

Keine weiteren Anpassungen nach §§ 8 und 9 GewStG
Gewerbesteuerliche Bemessungsgrundlage   391.000
Gewerbesteuer der GmbH = 391.000 x 0,035 x 4,75 =   **65.003,75**

2 b) Ermittlung der Einkommensteuer der Eheleute Brösel

Einkünfte i. S. v. § 19 EStG (Geschäftsführervergütung GmbH)

Einnahmen	36.000	(lt. Einzelnachweis,
./. Werbungskosten	– 4.500	da größer als WK-PB
Einkünfte	31.500	gem. § 9a EStG)

	Werner	Elvira
Einkünfte i. S. v. § 19 EStG	31.500	
Summe der Einkünfte		31.500
./. Sonderausgaben laut Sachverhalt		– 7.000
Einkommen = z. v. E.		24.500

Hälftiges z. v. E. (wegen Zusammenveranlagung, § 32 Abs. 5 EStG)	12.250
Hierauf tarifliche Einkommensteuer gem. § 32a Abs. 1 Nr. 2 EStG	693

Verdopplung = tarifliche Einkommensteuer der Ehegatten wegen
Zusammenveranlagung (§ 32a Abs. 5 EStG)   1.386

Festzusetzende Einkommensteuer (= Einkommensteuerbelastung)   1.386

2 c) Ermittlung der Einkommensteuer für Rolf Röhricht (Angaben in €)

Einkünfte i. S. v. § 19 EStG (Geschäftsführervergütung GmbH)

Einnahmen	36.000	
./. Werbungskosten		
(WK-PB, § 9a Satz 1 Nr. 1a EStG)	– 1.000	
Einkünfte		35.000

Einkünfte i. S. v. § 21 EStG (Grundstücksvermietung an GmbH)

Einnahmen	60.000	
./. Werbungskosten	– 10.000	
	– 4.500	
Einkünfte		45.500

Einkünfte i. S. v. § 22, § 23 EStG

Veräußerungsgewinn	75.000
Summe der Einkünfte	155.500
./. Sonderausgaben laut Sachverhalt	– 4.200
Einkommen = z. v. E.	151.300
Hierauf tarifliche Einkommensteuer gem. § 32a Abs. 1 Nr. 4 EStG	55.307
Festzusetzende Einkommensteuer (= Einkommensteuerbelastung)	**55.307**

20 Rechtsformvergleich

Bearbeitungszeit: 60 Minuten

Aufgabe zu Kapitel 7 im „Steuern *kompakt*"

Schwierigkeitsgrad: mittel bis hoch (Basisstudium Bachelor, Schwerpunkt Jura)

Stichworte/Inhalt

Einkommensteuer; Gewerbesteuer; Körperschaftsteuer

Gewerbliche Einkünfte, Sondervergütungen, Sonderbetriebseinnahmen, Sonderbetriebsausgaben, nichtabziehbare Betriebsausgaben, Vermietung, Gebäudeabschreibung Dividenden, Teileinkünfteverfahren, Abgeltungsteuer, Hinzurechnungen, Kürzungen, Einkommensteuer, Einkunftsarten, Summe der Einkünfte, Vergütungen an Gesellschafter von Kapitalgesellschaften, Rechtsformvergleich.

Sachverhalt

Thomas S. und Jo B. (beide ledig) überlegen, ob sie ihre Steuerbücher über eine OHG oder eine GmbH vertreiben wollen (Beteiligung der Gesellschafter jeweils 50 %).

Jo B. soll Geschäftsführer der Gesellschaft sein und ein Geschäftsführer-Gehalt von 150.000 €/Jahr erhalten, von denen 50.000 € als unangemessen gelten. Thomas S. will der Gesellschaft ab 2.1.2014 ein neu fertig gestelltes Verwaltungs- und Vertriebsgebäude (Anschaffungskosten 2,4 Mio. €, davon 25 % für Grund und Boden) zu einer angemessenen Monatsmiete von 20.000 € vermieten. Das Gebäude hat Thomas S. zum 2.1.2014 über ein persönliches Darlehen (Laufzeit 5 Jahre) von 2 Mio. €, das zu 96 % – also 1.920.000 € – ausbezahlt wurde, zu einem Zinssatz von 5 % finanziert (Belastung der Zinsen in Höhe von 100.000 € am 31.12.2014).

Gehen Sie davon aus, dass Jo B. über keine weiteren Einkünfte verfügt. Thomas S. ist Beamter und erhält aus dieser Tätigkeit ein Gehalt von 60.000 €. Sofern es sich um eine GmbH handelt, werden die Anteile im Privatvermögen gehalten; bei der Beurteilung der Rechtsfolgen sind in der Lösung aber mögliche Alternativen durch entsprechende Anträge zu prüfen. Der gewerbesteuerliche Hebesatz der betreffenden Gemeinde soll 380 % betragen.

Der Jahresüberschuss (vor Ertragsteuern) der Gesellschaft soll vor Abzug der Leistungsvergütungen an die Gesellschafter (z. B. Gehalt, Miete, Zinsen)

420.000 € betragen. Der Jahresüberschuss (nach Steuern) soll im April 2015 an die Gesellschafter je zur Hälfte ausgeschüttet bzw. entnommen werden.

Fragen

a) Erläutern Sie verbal die ertragsteuerlichen Folgen des Jahresgehalts von Jo B.

    a1) für den Fall einer GmbH
      - bei der Gesellschaft
      - bei dem Gesellschafter Jo B. (mit möglichen Alternativen)

    a2) für den Fall einer OHG
      - bei der Gesellschaft
      - bei dem Gesellschafter Jo B.

b) Beschreiben Sie verbal die ertragsteuerlichen Folgen der Vermietung und der Finanzierung durch Thomas S.

    b1) für den Fall einer GmbH
      - bei der Gesellschaft
      - bei dem Gesellschafter Thomas S.

    b2) für den Fall einer OHG
      - bei der Gesellschaft
      - bei dem Gesellschafter Thomas S.

c) Gehen Sie davon aus, dass die Rechtsform der GmbH gewählt wird.

    c1) Berechnen Sie die Ertragsteuern der GmbH für das Jahr 2014!
    c2) Ermitteln Sie die Höhe der Einkünfte von Jo B. im Jahr 2014!
    c3) Ermitteln Sie die Höhe der Einkünfte von Thomas S. im Jahr 2014!

d) Gehen Sie davon aus, dass die Rechtsform der OHG gewählt wird.

    d1) Berechnen Sie die Ertragsteuern der OHG für das Jahr 2014!
    d2) Ermitteln Sie die Höhe der Einkünfte von Jo B. im Jahr 2014!
    d3) Ermitteln Sie die Höhe der Einkünfte von Thomas S. im Jahr 2014!

e) Erläutern Sie kurz für das Jahr 2015 die ertragsteuerlichen Folgen der Ausschüttung/Entnahme der GmbH und OHG, die im April 2015 für das Jahr 2014 vorgenommen wird, jeweils für die Gesellschaft und die Gesellschafter! Ermitteln Sie jeweils deren Höhe sowie die daraus resultierenden Einkünfte bei den Gesellschaftern im Jahr 2015! Erörtern Sie mögliche Alternativen durch zulässige Anträge im Rahmen der Veranlagung!

Lösungshinweise zu Aufgabe 20

a) Jahresgehalt von Jo B.

a1) GmbH
- Gesellschaft : Betriebsausgabe 100.000 €
vGA – Gewinnerhöhung 50.000 €; gewerbesteuer- und
körperschaftsteuerpflichtig
- Gesellschafter Jo B.:
§ 19 Einnahmen 100.000 €
§ 20 Einnahmen 50.000 € → Abgeltungsteuer
bzw. bei Antrag nach § 32d Abs. 2 Nr. 3 EStG:
Teileinkünfteverfahren: 30.000 €

a2) OHG
- bei der Gesellschaft: Sondervergütung gewerbesteuerpflichtig
- Gesellschafter Jo B.
Sondervergütung § 15 Abs. 1 Nr. 2 EStG

b) Vermietung von Thomas S.

b1) GmbH
- Gesellschaft
Betriebsausgabe, gewerbesteuerliche Hinzurechnung
(50 % nach § 8 Nr. 1e GewStG)
- bei dem Gesellschafter Thomas S.
Einkünfte nach § 21 (keine Betriebsaufspaltung)
Werbungskosten Refinanzierung + AfA (2 %, da Privatvermögen)
Agio: Abflussprinzip

b2) OHG
- Gesellschaft
Sondervergütung mit Sonderbetriebsausgaben
[Zinsen (SBA) unterliegen der gewerbesteuerlichen
Hinzurechnung nach § 8 Nr. 1a GewStG]
- Gesellschafter Thomas S.
§ 15 Sondervergütungen mit Sonderbetriebsausgaben
(Refinanzierung, AfA 3 %)
Agio: Abgrenzung

c) GmbH   (alle Angaben in €)

c1) Gewerbesteuer

Jahresüberschuss v. Abzug der Leistungsvergütungen		420.000
Gehalt		– 150.000
Miete		– 240.000
Jahresüberschuss v. Steuern		30.000
verdeckte Gewinnausschüttung (vGA)		+ 50.000
körperschaftsteuerliche Bemessungsgrundlage		80.000
+ 50 % Miete (§ 8 Nr. 1e GewStG)	120.000	
./. Freibetrag	100.000	
Zwischensumme:	20.000	
hiervon 25 %		5.000
		85.000

Gewerbesteuer: 85.000 x (0,035 x 3,8) = **11.305**

Körperschaftsteuerliche Bemessungsgrundlage: 80.000

Körperschaftsteuer: 80.000 x 0,15 = **12.000**

c2) Einkünfte von Jo B.

§ 19: 100.000 ./. 1.000 (§ 9a EStG) =	99.000
§ 20: vGA → Abgeltungsteuer → § 2 Abs. 5b EStG:	0
bei Antrag nach § 32d Abs. 2 Nr. 3 EStG 50.000 x 0,6 (§ 3 Nr. 40 EStG) =	30.000
Kein Sparer-Pauschbetrag nach § 20 Abs. 9 EStG	
Summe der Einkünfte (bei Antrag nach § 32d EStG):	129.000
Summe der Einkünfte (bei Abgeltungsteuer, ohne vGA § 2 Abs. 5b EStG):	99.000

c3) Einkünfte von Thomas S.

§ 21 Miete	240.000	
AfA (2 %) (1.800.000 x 0,02)	– 36.000	
Disagio (voll, da Abflussprinzip)	– 80.000	
Zins	– 100.000	
		24.000
§ 19 Gehalt/Beamter	60.000	
Arbeitnehmer-Pauschbetrag, § 9a EStG	– 1.000	
		59.000
Summe der Einkünfte:		83.000

d) OHG   (alle Angaben in €)

d1) Gewerbesteuer

Gewinn der OHG (vor Steuern)	30.000
Gehalt	+ 150.000
Miete	+ 240.000
	420.000

Sonderbetriebsausgaben

– AfA (1.800.000 x 0,03)	– 54.000
– Disagio (anteilig, 1/5)	– 16.000
– Zins	– 100.000
Einkommensteuerlicher Gesamtgewinn	250.000

Zins	116.000 (§ 8 Nr. 1a GewStG, [100.000 + 16.000])	
./. Freibetrag	100.000	
	16.000 x 25 %	4.000
		254.000
Freibetrag (§ 11 Abs. 1 Nr. 1 GewStG)		– 24.500
		229.500

Messbetrag: (229.500 x 0,035) = 8.032,50

Gewerbesteuer: (8.032,50 x 3,8) = **30.523,50**

d2) Einkünfte von Jo B.

Gesellschaftsgewinn:	30.000	
Gewinn je Gesellschafter:	30.000 : 2 = 15.000	
§ 15 Gewinnanteil		15.000
GF-Gehalt		150.000
(Einkünfte nach § 15 EStG = Summe der Einkünfte		165.000

d3) Einkünfte von Thomas S.

Gewinnanteil	15.000
Miete	+ 240.000
Sonderbetriebsausgaben	
- AfA	– 54.000
- Disagio (anteilig)	– 16.000
- Zins	– 100.000
Einkünfte nach § 15 EStG	85.000

§ 19 Gehalt/Beamter	60.000	
Arbeitnehmer-Pauschbetrag, § 9a EStG	– 1.000	
	59.000	
Summe der Einkünfte		**144.000**

e)

GmbH: Ausschüttung: 30.000 ./. 11.305 ./. 12.000 (KSt) = 6.695

Ausschüttung je Gesellschafter : 3.347

§ 20 EStG: 3.347 ./. 801 (§ 20 Abs. 9 EStG) = 2.546

Abgeltungsteuer (25 %): 636,50 (Steuerbetrag)

Oder § 32d Abs. 2 Nr. 3 EStG, Antrag auf Teileinkünfteverfahren (60 %):

3.347 ./. (0,4 x 3.347) = 2.008 (Einbezug in Bemessungsgrundlage)

OHG – keine, da Gewinnentstehungsprinzip (Ausnahme § 34a EStG)

21 Einkommen- und Gewerbesteuer, Steuerbilanzrecht bei einer GmbH & Co. KG

Bearbeitungszeit: 60 Minuten

Schwierigkeitsniveau: mittel bis hoch (Bachelor, Schwerpunkt Steuern oder Einstiegsniveau Master, Schwerpunkt Steuern, Jura, Schwerpunkt Steuern, Einstieg in die Vorbereitung zum StB-Examen)

Stichworte/Inhalt

Einkommensteuer; Gewerbesteuer; Gewinnermittlung; GmbH & Co. KG

Gewerbliche Einkünfte, Additive Gewinnermittlung, Steuerbilanzrecht, Sondervergütungen, Sonderbetriebseinnahmen, Sonderbetriebsausgaben, nichtabziehbare Betriebsausgaben, Pkw-Nutzung, bilanzsteuerrechtliche Differenzen, Haftungsvergütung, Herstellungskosten, Disagio, Rechnungsabgrenzungsposten, Teilwertabschreibungen, Gebäudeabschreibungen, Zuschreibung, Vermietung, Dividenden, Teileinkünfteverfahren, Hinzurechnungen, Kürzungen, Einkommensteuer, Einkunftsarten, Summe der Einkünfte.

Sachverhalt

Florian Fetzig und seine Ehefrau Bianca haben eine Faschingsartikel GmbH & Co. KG zum 1.1.2011 in Ersingen (Baden; gewerbesteuerlicher Hebesatz: 400 %) gegründet.

Florian ist sowohl an der KG als auch an der Komplementär GmbH zu 60 %, Bianca zu jeweils 40 % am Gewinn und Verlust der Gesellschaften beteiligt. Die GmbH ist als Komplementärin der KG mit 0 % am Gewinn und Verlust beteiligt; sie erhält eine angemessene Haftungsvergütung von 5.000 € je Jahr. Florian Fetzig ist als Geschäftsführer der Komplementär-GmbH für die KG als Geschäftsführer tätig und erhält hierfür eine angemessene Geschäftsführervergütung von 150.000 €.

Die KG ermittelt den Gewinn nach § 5 Abs. 1 EStG. Der vorläufige Handelsbilanzgewinn des Jahres 2014 wird aus den folgenden Daten der Gewinn- und Verlustrechnung abgeleitet (alle Angaben in €):

Umsatzerlöse (netto):	1.145.000
Wareneinsatz (netto):	362.000
Personalaufwand (darunter Geschäftsführergehalt für Florian: 150.000 €, das an die Komplementär GmbH als Umlage bezahlt wird)	250.000
Ortsübliche Miete an seine Ehefrau für das Verwaltungs- und Lagergebäude der KG vom 1.7. bis zum 31.12.2014	24.000
Bruttodividende auf im Betriebsvermögen gehaltene Aktien der Faschingsgaudi AG (Anteil 12 % des Nennkapitals der AG; Kalenderjahr = Wirtschaftsjahr	10.000
Aufgrund der zunehmend intensiveren betrieblichen Verwertung eines (entgeltlich erworbenen) Patentes, das im Vorjahr vorübergehend abgeschrieben wurde, wird eine Zuschreibung in gleicher Höhe vorgenommen	20.000
Rechtsanwaltskosten für die Anteile an der Faschingsgaudi AG	6.000
Haftungsvergütung an Komplementär-GmbH	5.000
Zinsen für ein Darlehen bei der Sparkasse Karlsruhe (5 % von 3.000.000 €; im Vorjahr wurde ein Disagio von 50.000 € in der Handelsbilanz nicht angesetzt; Laufzeit des Darlehens: 5 Jahre)	150.000
Sachgeschenke (> 35 €; netto)	800
Sonstige betriebliche Aufwendungen (inkl. nicht abziehbarer Vorsteuer und Reisekostenerstattung für Gesellschafter Florian für Pkw: 9.000 €)	46.502
Vorläufiger Gewinn vor Abzug der Ertragsteuern	**330.698**

Anmerkungen:

- Für die Miete, die dem Drittvergleich standhält, ist ein schriftlicher Vertrag abgeschlossen worden. Die sonstigen formellen Voraussetzungen für die Anerkennung derartiger Verträge sind erfüllt (Überweisungen etc.).

- Das Verwaltungs- und Lagergebäude ist von der Ehefrau Bianca (= Bauherrin) auf eigenem Grund und Boden (Anschaffungskosten zum 2.1.2014: 300.000 €) mit Hilfe von Subunternehmern hergestellt worden (Bauantrag: 3.1.2014). Die Herstellungskosten (in €) sind folgender Aufstellung zu entnehmen:

Materialeinzelkosten:	100.000
Rechnung für Subunternehmer:	200.000
Angemessene Materialgemeinkosten:	50.000
Fertigungsgemeinkosten:	150.000
Verwaltungskosten:	120.000
Soziale Aufwendungen; betriebliche Altersversorgung:	33.650
Kalkulatorischer Unternehmerlohn für die Bauherrin Bianca Fetzig:	60.000
Sonstige unangemessene, außerplanmäßige Gemeinkosten:	45.000
Summe	**758.650**

– Das Verwaltungs- und Lagergebäude wurde zum 30.6.2014 fertig gestellt und ab 1.7.2014 an die KG vermietet. Das Gebäude wird nach § 7 Abs. 4 EStG abgeschrieben. Für die Finanzierung des Gebäudes sind vom 1.7.2014 bis zum 31.12.2014 insgesamt 20.000 € an Zinsen angefallen.

– Im Rahmen der Abschlussarbeiten stellt Florian Fetzig fest, dass er für die KG am 1. Oktober eine Überweisung an eine Versicherung (Produkthaftungs- und Betriebshaftpflichtversicherung) in Höhe von 14.000 € für den Zeitraum vom 1. Juli bis zum 30. Juni des folgenden Kalenderjahrs geleistet hat und diese Überweisung in voller Höhe als sonstigen betrieblichen Aufwand erfasst hat.

– Florian Fetzig nützt seinen Pkw, den er zum 2.1.2014 persönlich angeschafft für 40.000 € + USt (Listenpreis von 50.000 € + USt; Nutzungsdauer 8 Jahre) zu etwa 60 % für betriebliche Fahrten der KG (18.000 km für KG). Florian führt kein Fahrtenbuch, erhält allerdings für die Nutzung des Pkw im Jahr 2014 einen angemessenen Aufwandsersatz von 9.000 € (netto), der bei der KG als Aufwandsersatz unter den sonstigen betrieblichen Aufwendungen gebucht wurde. Florian fährt mit dem Pkw täglich von seiner Wohnung zu den Büroraumen der KG (Entfernung Wohnung – KG: 10 km, 220 Arbeitstage; zahlungswirksame Aufwendungen für Pkw, die Florian selbst bezahlt hat: 8.000 €; gesamte gefahrene Jahreskilometer: 30.000 km). Es sollen bezüglich des Pkw nur die ertragsteuerlichen Aspekte (also ohne die Umsatzsteuer auf die evtl. Entnahme) in der Lösung berücksichtigt werden, da Florian Fetzig persönlich Kleinunternehmer sein soll und auch nicht nach § 19 Abs. 2 UStG optiert hat.

– Die Komplementär-GmbH hat am 20.3.2014 für das Vorjahr 2013 an die Gesellschafter Florian (60 %) und Bianca (40 %) eine Ausschüttung von 3.000 € ausgezahlt.

Fragen (Basis Rechtslage 2014):

a) Erläutern Sie die bilanzsteuerrechtlichen Auswirkungen des Lagergebäudes und des Baus des Verwaltungsgebäudes im Jahr 2014 sowie dessen (von vornherein beabsichtigte) Vermietung an die GmbH & Co. KG!

b) Ermitteln Sie für die KG die Bemessungsgrundlage und Höhe der Gewerbeertragsteuer des Jahres 2014 unter der Annahme, dass der Gewerbeertrag minimiert werden soll!

c) Ermitteln Sie den Gesamtgewinn der KG (2014) und weisen Sie den Gesellschaftern die jeweiligen gewerblichen Einkünfte zu (Erstellung der sog. additiven Gewinnermittlung)!

d) Ermitteln Sie die Summe der Einkünfte der Ehegatten – unter Angabe der Beträge je Einkunftsart – bei Zusammenveranlagung für das Jahr 2014!

Lösungshinweise zu Aufgabe 21

a) Beurteilung des Lagegebäudes (Angaben in €)

Das Lagergebäude befindet sich im **Sonderbetriebsvermögen (SBV)**
Steuerliche Herstellungskosten-Untergrenze:
100.000 + 200.000 + 50.000 + 150.000 = 500.000
(nach R 6.3 EStÄR 2012: 653.650, aber Übergangsregelung, s. unten)
Kalkulatorischer Unternehmerlohn → 60.000 kein Aufwand

Nicht aktivierungsfähiger Aufwand
(nach 6.3 Abs. 4 EStR 2008, aA BMF v. 12.3.2010, Tz. 8 – Beck 1/§ 5/14; aber Tz. 25 Anwendung der alten Richtlinienfassung von 2008 noch zulässig, BMF v. 22.6.2010, BStBl. I 2010, S. 597 = Fußnote zu Tz. 25 bei Beck´sche Steuererlasse 1/§ 5/14 = R 6.3 Abs. 1 und 3 EStÄR 2012; Wahlrecht als Übergangsregelung; Fußnote zu R 6.3 Abs. 9 EStR 2012 bei Beck-Texten; BMF v. 25.3.2013, BStBl. I 2013, S. 296):

Verwaltungskosten	120.000	* (Pflicht EStÄR)
Soz. Aufwendungen	+ 33.650	* (Pflicht EStÄR)
Unangemessene Gemeinkosten	+ 45.000	
	= 198.650	BMF vom 25.3.2013

Sonderbilanz Bianca Fetzig 1.7.2014	
Grund u. Boden 300.000	Sonderkapital 800.000
Gebäude 500.000	

AfA: 3 % von 500.000: 0,03 x 500.000 = 15.000/Jahr
AfA (1/2 Jahr): 15.000 x 0,5 = 7.500
Oder nach EStÄR 2012: 653.650 x 0,03 x 0,5 = 9.805

Nicht aktivierte Herstellungskosten	198.650	(bzw. 45.000 n. EStÄR)
Zinsen	20.000	
AfA	7.500	(9.805)
Sonderbetriebsausgaben	226.150	(74.805 n. EStÄR)

b) Gewinnermittlung und Ermittlung der Gewerbesteuer (Angaben in €)

Gewerbesteuerpflicht nach § 2 Abs. 1 Sätze 1 u. 2 GewStG
i. V. m. § 15 EStG

Pkw-Nutzung: SBV: AfA: 40.000 x 1/8 = 5.000/Jahr

Sonderbetriebseinnahmen: 9.000/Jahr

Sonderbetriebsausgaben: 5.950/Jahr (5.000 + 19 %, da beim Kleinunternehmer Vorsteuer nicht abgezogen werden kann, daher hier Abschreibung vom Bruttobetrag; u. U. aus Vereinfachung im Rahmen der Aufgabenstellung auch Abschreibung vom Nettobetrag hier zulässig: 8.000/Jahr)

1%-Nutzung: 0,01 x 59.500 = 595/Monat:
Fahrten: Wohnung – erste Tätigkeitsstätte:
0,0003 x 10 km x 59.500 = 178,50/Monat
Abzug der 10 km x 0,3 x 220 Tage = 660 nach § 9 Abs. 1 Nr. 4 EStG

Jahresentnahme = 773,5 x 12 = 9.282 – 660 = 8.622

Wirkt wie Sonderbetriebseinnahme (als Entnahme; s. unten)

Handelsrechtlicher Gewinn vor Steuern	330.698
./. Zuschreibung	20.000
./. Disagio; stl. Auflösung	10.000
+ RAP (anteilige Versicherung 2015)	7.000
Bilanzsteuerrechtlicher Gewinn	307.698
./. steuerfreie Dividenden (40 %, § 3 Nr. 40 EStG)	4.000
+ nicht abzugsfähige Rechtsanwaltskosten (§ 3c Abs. 2 EStG)	2.400
+ Sachgeschenke (> 35 €; § 4 Abs. 5 Nr. 1 EStG;	
Mit nicht abziehbarer Vorsteuer nach § 15 Abs. 1a Nr. 1 UStG)	952
Gewinn der Gesellschaft (vor Gewerbesteuer)	307.050

Übertrag: Gewinn der Gesellschaft (vor Gewerbesteuer)	*307.050*
Haftungsvergütung Komplementär-GmbH	5.000
Ausschüttung GmbH – SBV II – Zufluss	
3.000 x 0,6 (TEV; § 3 Nr. 40; 1.080 Flo + 720 Bianca)	1.800
SBE-Auto	9.000
+ Nutzungsentnahme = SBE (s. oben)	8.622
Sonderbetriebsausgaben Auto AfA + Zahlungen	
AFA = 47.600/8 = 5.950 + Sonderzahlung 8.000	– 13.950
Florian GF-Gehalt	150.000
Bianca – Sonderbetriebseinnahmen Miete	24.000
Sonderbetriebsausgaben	
nicht aktivierte Herstellungskosten	– 198.650
Zinsen	– 20.000
AfA (3 % von 500.000 x 6/12)	– 7.500
Gewinn der additiven Gewinnermittlung	265.372

Gewerbesteuerliche Modifikationen		
- Disagio (§ 8 Nr. 1a GewStG)	10.000	
- Zinsen Sparkasse(§ 8 Nr. 1a GewStG)	150.000	
- Hinzurechnung Zinsen SBV		
(20.000; § 8 Nr. 1a GewStG)	20.000	
Zwischensumme	180.000	
./. Freibetrag	100.000	
Zwischensumme	80.000	
Hiervon 25 %		20.000
+ Streubesitzdividende		
(4.000 – 2.400; § 8 Nr. 5 GewStG)		1.600
./. Kürzung SBV II § 9 Nr. 2a GewStG		1.800
Gewerbeertrag (vor Freibetrag)		285.172
Abrundung		285.100
Freibetrag (§ 11 Abs. 1 Nr. 1 GewStG)		24.500
		260.600
Gewerbesteuermessbetrag (260.600 x 0,035) =		9.121

Endgültige Gewerbesteuer: 9.121 x 4:   **36.484**

c) Additive Gewinnermittlung (Ableitung aus Teil b)

Gewinn der Gesellschaft: 307.050 €
Verteilung der einzelnen Gewinne auf die Gesellschafter:

	Florian	Bianca	GmbH
Gewinn pro Gesellschafter:	184.230 €	122.820 €	
Sondervergütungen	154.752 €	– 201.430 €	5.000 €
Gewerbliche Einkünfte	338.982 €	– 78.610 €	5.000 €

Gesamtgewinn: 265.372 € (nach GewSt)

d) Summe der Einkünfte

Summe der Einkünfte aus additiver Gewinnermittlung § 15 EStG:
265.372 € = Summe der Einkünfte

22 Einbringung, Einzelunternehmen und OHG und Betriebsaufspaltung

Bearbeitungszeit: 120 Minuten

Schwierigkeitsniveau: sehr hoch (Master; Schwerpunkt Steuern, Vorbereitung zum StB- oder WP-Examen)

Stichworte/Inhalte

Einkommensteuer; Gewerbesteuer; Körperschaftsteuer; Gewinnermittlung; Betriebsaufspaltung

Einkommensteuer; Additive Gewinnermittlung, Bilanzsteuerrecht, selbstgeschaffene immaterielle Wirtschaftsgüter; Geschäfts- und Firmenwert, Einbringung, Sonderbetriebsvermögen, Sonderbilanzen, Ergänzungsbilanzen, Verlustverrechnung nach § 10d EStG, Sonderausgaben, Vorsorgeaufwendungen, Günstigerprüfung; Hinzurechnungen, Kürzungen; Betriebsaufspaltung, personelle Verflechtung, sachliche Verflechtung, verdeckte Gewinnausschüttung, Teileinkünfteverfahren, Abgeltungsteuer.

Aufgabe 1

Sachverhalt 1

Der Marketingabsolvent Carlos Rodriguez (25 Jahre, ledig), wohnhaft in Pforzheim, hat seine Marke „BrasilLifestyle" im Jahr 2013 im Rahmen eines Einzelunternehmens für das Public Viewing selbst entwickelt und als **DESIGN** (Geschmacksmuster) Ende 2013 schützen lassen. Die Marke will er für die Fußballweltmeisterschaft 2014 nutzen und nicht veräußern. Für die Schaffung der Marke sind im Jahr 2013 Designaufwendungen von 50.000 € für drei Diplom-Designer und 150.000 € als Werbeaufwendungen (Zeitungen und sonstige Medien) entstanden. Den Wert der eigenen Arbeitskraft schätzt Carlos für das Jahr 2013 auf 100.000 €, da er ansonsten einen weiteren Designer für diesen Betrag eingestellt hätte. Die Aufwendungen für diese Marke hat er aus der Erbschaft seiner Großmutter Maria Rodriguez getragen. Die Einnahmen aus der Vermarktung von Modeprodukten der Marke „BrasilLifestyle" beliefen sich im Jahr 2013 bei Carlos auf 90.000 €. Carlos hat im Jahr 2013 sonst keine weiteren Einkünfte gehabt.

Er hat im Jahr 2013 für Leib-Rentenversicherungen (sog. Rürup-Rente) 4.500 € sowie 2.000 € für seine Krankenversicherung (davon 1.600 € für sog. Mindeststandard) bezahlt.

Am 1.1.2014 gründet Carlos Rodriguez mit der Designabsolventin Daniela Feger, wohnhaft in Karlsruhe, und dem Modeproduzenten Tom Los, wohnhaft in Metzingen, die „CarFeLosLifeStyle Mode OHG" mit Sitz in Karlsruhe (gewerbesteuerlicher Hebesatz: 400 %). Carlos Rodriguez überträgt dieser OHG die Markenrechte für Modeprodukte und erhält hierfür Gesellschaftsrechte an der OHG. Der Verkehrswert der Markenrechte wird auf 450.000 € geschätzt und in der handelsrechtlichen Eröffnungsbilanz der OHG aktiviert. Daniela bringt in die OHG 100.000 € an Bankguthaben ein, das sie teilweise über einen langfristigen Bankkredit (endfälliges Darlehen von 50.000 € zu 6 %; Zins 2014: 3.000 €) finanziert hat. Tom Los bringt aus seinem Modeunternehmen (bisheriges Einzelunternehmen) Produktionsanlagen mit dem Verkehrswert von 450.000 € (Buchwert bei dem Modeunternehmen: 150.000 €; Restnutzungsdauer: 6 Jahre) in die OHG ein. Die Gesellschafter gehen davon aus, dass die Marke sich zwei Jahre im Bereich der Mode vermarkten lässt. Die Produktionsanlagen werden dann zukünftig für die Produktion künftiger Maskottchen und Schals der Teilnehmer der Europameisterschaft (EM) 2016 sowie für die Herstellung von Trikots verschiedener Champions League-Teilnehmer genutzt. Die Kapitalkonten, die den Maßstab für die künftige Gewinn- und Verlustverteilung bilden, betragen also in der handelsrechtlichen Eröffnungsbilanz:

Carlos Rodriguez:	450.000 €
Daniela Feger:	100.000 €
Tom Los:	450.000 €

Daneben vermietet Tom Los ab dem 2.1.2014 der OHG das Produktionsgebäude (Verkehrswert: Gebäude 400.000 €, Grund u. Boden 200.000 €), das bisher vom Mode(Einzel-)unternehmen (Buchwert zum 31.12.2013: Gebäude: 200.000 €; Grund und Boden: 100.000 €; Restnutzungsdauer 20 Jahre) genutzt wurde. Die Jahresmiete beträgt 36.000 € und ist angemessen.

Vor Abzug der Jahresmiete (36.000 €), vor den Abschreibungen für die eingebrachten Wirtschaftsgüter und des Geschäftsführergehaltes von Carlos Rodriguez (64.000 €) beträgt der handelsrechtliche Jahresüberschuss vor Ertragsteuern im Jahr 2014 bei der CarFeLosLifeStyle Mode OHG 500.000 €.

Carlos hat im Jahr 2014 für Leib-Rentenversicherungen (sog. Rürup-Rente) 4.800 € sowie 3.000 € für seine Krankenversicherung (davon 2.600 € für sog. Mindeststandard) und für eine private Haftpflichtversicherung 200 € bezahlt. Ferner hat er 200 € zu Weihnachten 2014 an Adveniat für kirchliche Zwecke (mit entsprechender Spendenquittung) gespendet.

Fragen zu Aufgabe 1:

a) Erläutern Sie die ertragsteuerlichen Folgen von Carlos Rodriguez im Jahr 2013 und geben Sie die Summe der Einkünfte unter Angabe der Einkunftsart(en) für das Jahr 2013 an! Welche Konsequenzen ergeben sich aus den Einkünften des Jahres 2013 für die Einkünfte und das zu versteuernde Einkommen des Jahres 2014?

b) Erläutern Sie unter Angabe der Gesetzesvorschriften, ob und welche steuerlichen Folgen sich aus den Einbringungen ergeben, wenn Carlos Rodriguez und Tom Los bei der Gründung der OHG möglichst wenig Ertragsteuern zahlen wollen!

c) Stellen Sie – ausgehend von der Handelsbilanz – alle steuerlichen Bilanzen der OHG einschließlich der Bilanzen der Gesellschafter zum 1.1.2014 auf! Wie verändern sich die Bilanzen der Gesellschafter zum 31.12.2014?

d) Wie hoch ist die Gewerbesteuer der OHG im Jahr 2014!

e) Erläutern Sie die Summe der Einkünfte von Tom Los (unter Angabe der jeweiligen Einkunftsart) für das Jahr 2014!

f) Ermitteln Sie die Summe der Einkünfte und das zu versteuernde Einkommen von Carlos Rodriguez für das Jahr 2014!

g) Wie hoch ist die zu zahlende Einkommensteuer von Carlos Rodriguez für das Jahr 2014!

Aufgabe 2: Ergänzung und Modifikation der Aufgabe 1

Sachverhalt 2 (Anpassung des Sachverhalts 1)

Carlos Rodriguez gründet zum 1.1.2014 mit seinem Freund Luis Solari aus Karlsruhe die „LifeStyle-Party GmbH" (Bargründung; Kapitalanteil Carlos: 30.000 €, 60 %; Luis: 20.000 €, 40 %). Das Konzept hängt entscheidend von der Marke „BrasilLifestyle" (und der entsprechenden Anpassungen für die EM 2016) ab, die der neuen GmbH von Carlos Rodriguez für Partyzwecke und für die Public Viewing Veranstaltungen 2014 bis 2016 gegen ein Jahresentgelt von 180.000 € zur Verfügung gestellt wird (Angabe der Aufwendungen für das Design [Marke/Geschmacksmuster] sind für das Jahr 2013 aus dem Sachverhalt I zu übernehmen; das Einzelunternehmen von Carlos Rodriguez wird aus dem Handelsregister zum 1.1.2014 gestrichen, da Carlos ab 1.1.2014 die Markenrechte nur noch in Form von Lizenzen oder „Vermietungen" verwertet). Der Verkehrswert des Designs wird bei einer zu erwartenden Verwertungsdauer von drei Jahren auf 450.000 € geschätzt. Die „BrasilLifestyle"- und sonstigen Public Viewing-Parties an den Hochschulstädten in Süddeutschland sind der entscheidende Umsatzfaktor für die GmbH. Da im Jahr 2014 allerdings nur Partyumsätze von 300.000 € bei der GmbH erzielt werden, gelten lediglich 100.000 € für die Nutzung der Markenrechte im Jahr 2014 als angemessen. Das Geschäftsführergehalt von Carlos Rodriguez in Höhe von 60.000 € entspricht den üblichen Marktbedingungen. Der Vertrag über das DESIGN und der Geschäftsführervertrag entsprechen den formellen Voraussetzungen (Befreiung von § 181 BGB). Eine offene Gewinnausschüttung erfolgt im Jahr 2014 nicht.

Frage zu Aufgabe 2:

Welche ertragsteuerlichen Folgen ergeben sich im Rahmen der Gründung der GmbH? Wie sind die Zahlungen für das DESIGN „BrasilLifestyle" bei der GmbH und bei dem Gesellschafter Carlos Rodriguez im Jahr 2014 zu beurteilen? Geben Sie aus diesem Sachverhalt (also ohne Berücksichtigung der Angaben aus der Aufgabe I) für den Gesellschafter Carlos Rodriguez auch die Summe der Einkünfte unter Angabe der Einkunftsart(en) für das Jahr 2014 an!

Anmerkung:

Umsatzsteuerliche Aspekte sind in dieser Aufgabe zu vernachlässigen. Die Beträge beziehen sich jeweils auf den Nettobetrag ohne Umsatzsteuer.

Lösungshinweise zu Aufgabe 22

Aufgabe 1:

a)

Carlos ist gem. § 1 Abs. 1 EStG unbeschränkt einkommensteuerpflichtig. Er erzielt aus seinem Einzelunternehmen Einkünfte aus § 15 EStG (Verkauf von Produkten aus dem DESIGN „BrasilLifestyle"; bei Wertung als künstlerische Tätigkeit u.U. Alternativlösung mit § 18 EStG).

Die Entwicklung des selbstgeschaffenen DESIGN (Geschmacksmusters) des Anlagevermögens ist gem. § 5 Abs. 2 EStG nicht aktivierbar.

Designer- und Werbeaufwendungen sind sofortige Betriebsausgaben.

Eigene Arbeitskraft: kalkulatorische Kosten

→ keine Betriebsausgabe

Einkünfte nach § 15 EStG €

Einnahmen	90.000
./. Designaufwendungen	50.000
./. Werbeaufwendungen	150.000
negative Einkünfte	− 110.000

→ Verlustvortrag für 2014 nach § 10d EStG

→ Verlustvortrag bezieht sich auf negative Einkünfte;

→ die Versicherungszahlungen sind in 2013 irrelevant,
   da sie den Verlustvortrag nicht erhöhen können.

b)

Carlos:

Einbringung des Designs (bis 2013 rechtlich Geschmacksmuster) für Mode-zwecke, also eines einzelnen Wirtschaftsgutes aus EU gegen Gesellschafts-rechte der OHG

→ Erfolgsneutrale Übertragung nach § 6 Abs. 5 EStG
   (nicht § 24 UmwStG, da nicht der gesamte Betrieb eingebracht wird);

→ Neutralisierung durch negative Ergänzungsbilanz

Tom Los:

Einbringung der Produktionsanlagen, ebenfalls nach § 6 Abs. 5 EStG
(§ 24 UmwStG wird bei Teilbetriebsannahme akzeptiert);

→ erfolgsneutral

→ Neutralisierung durch negative Ergänzungsbilanz

Gebäude wird Sonderbetriebsvermögen (SBV) und ebenfalls nach
§ 6 Abs. 5 Satz 2 EStG erfolgsneutral übertragen.

c)

Erstellung der Bilanzen (in €)

Handelsbilanz 1.1.2014

Marke	450.000	Kapital Carlos	450.000
Produktanlagen	450.000	Kapital Tom	450.000
Bank	100.000	Kapital Daniela	100.000

Negative Ergänzungsbilanz Carlos 31.12.2014

Minderkapital	450.000	Minderwert DESIGN	450.000
Ertrag	225.000	./. Abschreibung	225.000
Minderkapital 31.12.2014	225.000	Minderwert 31.12.2014	225.000

Negative Ergänzungsbilanz Tom 31.12.2014

Minderkapital	300.000	Minderwert Prod. Anl.	300.000
Ertrag	50.000	./. Abschreibung	50.000
Minderkapital 31.12.2014	250.000	Minderwert 31.12.2014	250.000

Sonderbilanz Tom 31.12.2014

Grund u. Boden	100.000	Sonderkapital 1.1	300.000
Gebäude	200.000	Entnahmen Miete	36.000
AfA 2014 Gebäude	10.000	Gewinn Sonder-GuV	26.000
	290.000		290.000

Gebäude 31.12.2014: 200.000 – 10.000 AfA = 190.000

Sonderbilanz Daniela 1.1.2014

Negatives (Sonder-) Kapital	50.000	Darlehen	50.000

d) €

Jahresüberschuss vor Steuern	500.000
./. Miete Tom	36.000
./. Geschäftsführer-Gehalt Carlos	64.000
Zwischensumme	400.000
./. Abschreibung Design	225.000
./. Abschreibung Produktionsanlagen	75.000
Gewinn der Gesellschaft	100.000
+ Ertrag Ergänzungsbilanz Carlos	225.000
+ Ertrag Ergänzungsbilanz Tom	50.000
Gewinn nach Ergänzungsbilanzen	375.000
+ SBE Gehalt Carlos	64.000
+ SBE Miete Tom	36.000
./. Sonderbetriebsausgabe AfA	10.000
./. Sonderbetriebsausgabe Daniela Zins	3.000
EStl. Gesamtgewinn vor GewSt	462.000
+ Zinsen Daniela § 8 Nr. 1 GewStG	1.500
Entfällt wegen Freibetrag	0
Vorläufiger Gewerbeertrag	462.000
./. Freibetrag § 11 Abs. 1 Nr. 1 GewStG	24.500
Gewerbestl. BMG (vor Steuer-RSt)	437.500

GewSt-Messbetrag (437.500 x 0,035) = 15.312,5

Gewerbesteuer: 15.312,5 x 4 = **61.250**

e)

EStl. Gewinnanteil der Gesellschaft (45 %)	45.000
+ Miete	36.000
./. AfA	10.000
+ Ertrag Ergänzungsbilanz	50.000
Einkünfte Tom § 15 EStG	**121.000**

f)	€
Gewinnanteil	45.000
+ Gehalt	64.000
+ Ertrag Ergänzungsbilanz	225.000
Einkünfte Carlos § 15 EStG	334.000
./. Verlustvortrag 2013 (§ 10d EStG)	110.000
./. Vorsorgeaufwendungen (s. unten)	6.911
./. Spende § 10b EStG	200
zu versteuerndes Einkommen	**216.889**

Nebenrechnung Vorsorgeaufwendungen

Neues Recht:

Leib-Rentenversicherung (Rürup): 4.800 x 0,78 = 3.744

Sonstige Versicherungen 3.200, aber:

Höchstbetrag 2.800 (§ 10 Abs. 4 Satz 2 EStG)	2.800
	6.544

Günstigerprüfung nach § 10 Abs. 4a EStG

Altes Recht:

Vorsorgeaufwendungen ohne Rürup	3.200	
I. Vorwegabzug (Tabelle § 10 Abs. 4 EStG 2014)		1.800
II. Grundhöchstbetrag nach § 10 Abs. 3 Nr. 1 EStG		1.334
= Verbleibende Vorsorgeaufwendungen	66	
III. Hälfte der noch verbleibenden Vorsorgeaufwendungen, höchstens bis zu 50 % des Grundhöchstbetrages (667)		33
= Abzugsfähige sonstige Vorsorgeaufwendungen		3.167
+ Erhöhungsbetrag 78 % Rürup-Rente (0,78 x 4.800)		3.744
		6.911

Neues Recht ist besser, somit abziehbar: 6.911 €

Spende nach § 10b EStG	200
Abziehbare Sonderausgaben	**7.111**

g)

ESt (§ 32a EStG 2014): 216.889 x 0,42 – 8.239 = 82.854,38

GewSt-Anrechnung: 15.312,5 x 3,8 x 0,45 (Anteil) = 26.184

ESt: 82.854 ./. 26.184 = **56.670**

Aufgabe 2

Prüfen der Voraussetzungen der Betriebsaufspaltung:

Sachliche Verflechtung (+) Das Design stellt eine wesentliche Betriebsgrundlage dar

Personelle Verflechtung (+) Carlos ist zu 60 % an der GmbH beteiligt und zu 100 % an seinem EU, somit kann er sowohl im Besitzunternehmen als auch in der Betriebsgesellschaft seinen Willen durchsetzen.

→ Es liegt eine Betriebsaufspaltung vor.

Der Anteil an der GmbH befindet sich im notwendigem Betriebsvermögen → die Ausschüttung erfolgt gem. § 15 mit TEV, dies gilt auch für die **vGA von 80.000 €.**

Einnahmen nach § 15 EStG (in €):

100.000 (angemessener Teil) + (0,6 x 80.000) = 148.000

SBV-AfA: Design: 450.000/3 = 150.000

Einkünfte § 15 EStG: 148.000 ./. 150.000 = – 2.000

Gehalt § 19 EStG: 60.000 ./. 1.000 (AN-PB) = 59.000

Summe der Einkünfte bei Carlos: – 2.000 + 59.000 = 57.000

GmbH: vGA von 80.000 unterliegt der GewSt und KSt

Einnahmen	300.000
./. GF-Gehalt	60.000
./. Markenentgelt	180.000
+ vGA	80.000
z. v. E.	**140.000**

gewerbesteuerlich Hinzurechnung Lizenz nach § 8 Nr. 1f GewStG, aber < 100.000 €

Luis S bei Ausschüttung: § 20 EStG mit Abgeltungsteuer

Aber Antrag nach § 32d Abs. 2 Nr. 3 EStG möglich

→ TEV, WK-Abzug, Verluste.

23 GmbH & Co. KG, Einzelunternehmen und Einbringung

Bearbeitungszeit: 90 Minuten

Aufgabe zu Kapitel 8.1 in „Steuern Kompakt"

Schwierigkeitsgrad: sehr hoch – Masterstudium, Vorbereitung Steuern für das Wirtschaftsprüfungs-Examen.

Stichworte/Inhalte

Einkommensteuer; Gewerbesteuer; Körperschaftsteuer; Gewinnermittlung

Additive Gewinnermittlung, Bilanzsteuerrecht, selbstgeschaffene immaterielle Wirtschaftsgüter, Geschäfts- und Firmenwert, Einbringung, Sonderbetriebsvermögen, Sonderbilanzen, Ergänzungsbilanzen, Verlustverrechnung bei Kommanditisten, negatives Kapitalkonto (§ 15a EStG), Haftungsvergütung, Teileinkünfteverfahren, Veräußerung Mitunternehmeranteile, Kürzungen.

Sachverhalt

Der Gastwirt Marco Ramazotti (R), geboren am 1.5.1965, wohnt in Pforzheim. Lena Sandrut (S), geboren am 10.10.1967, wohnt ebenfalls in Pforzheim. Beide sind ledig, kinderlos und konfessionslos.

Der gewerbesteuerliche Hebesatz soll 420 % betragen.

Es gelten die Steuergesetze sowie das BilMoG (HGB) mit Stand 1.1.2014.

Für Marco R. und Lena S. sind folgende Sachverhalte ertragsteuerlich zu würdigen:

Marco Ramazotti hat zum 1. Juli 2013 die Public-Viewing GmbH & Co. KG gegründet, die am gleichen Tage ins Handelsregister eingetragen wurde, wobei Marco Ramazotti als Geschäftsführer der GmbH und (über die GmbH) der KG und zugleich die Befreiung vom § 181 BGB eingetragen wurde. Marco R. hält – direkt – alle Anteile der Public Viewing GmbH (25.000 € eingezahltes Stammkapital), die – ohne Kapitalbeteiligung an der KG – die alleinige Komplementärin der KG ist. Marco R. hat eine Kommanditeinlage von 20.000 € in die KG eingezahlt (mit 100 % Gewinn- und Verlustbeteiligung). Weitere Kommanditisten hat die KG im Rumpf-Geschäftsjahr 2013 (1.7.-31.12.2013) nicht. Zur Vorbereitung für das Public Viewing im Jahr 2014 erhält Marco R. von Juli bis Dezember 2013 monatlich eine Geschäftsführervergütung von 4.000 €, die in der KG 2013 als Personalaufwand gebucht wurde. Er hat Lena S. vom 1.9.2013 bis zum 31.12.2013 als Designerin für die Entwicklung der Strandstühle und die designerische Gestaltung des Public-Viewing zur Fussball-Weltmeisterschaft 2014 angestellt. Das angemessene Monatsgehalt von 5.000 € hat er in der KG als Aufwand erfasst. Die GmbH hat 2013 für die Komplementär-Funktion eine angemessene Haftungsentschädigung von 1.500 € erhalten, die bei der KG als Aufwand erfasst wurde. Die Aufwendungen für die Schaffung eines (eingetragenen) DESIGNs (Geschmackmusters) „Lena-Strand-Viewing", das zukünftig im Anlagevermögen genutzt werden soll, haben 20.000 € (= Personalkosten für Lena; s. obiges Gehalt) betragen und werden in der Handelsbilanz zum 31.12.2013 – nach Anwendung des BilMoG – aktiviert. Die KG hat von Lena S. eine im Jahr 2009 erbaute Design-Event-Halle (2009–2013: Privatvermögen) ab dem 1.9.2013 für das Public-Viewing als Ausschank- und Regenschutzgebäude am Golddesign-Strand für 2.000 € monatlich gemietet und die Summe als Aufwand gebucht (Anschaffungskosten der Design-Event-Halle: 120.000 €, davon 20.000 € für Grund und Boden; Abschreibung seit 1.1.2009 nach § 7 IV EStG; Zeitwert = Teilwert zum 1.7.13, 1.1.14, und 1.1.15 jeweils 180.000 €, davon 30.000 € für Grund und Boden; Einheitswert 50.000 €; Fremdfinanzierungskosten bei Lena S. 750 € je Monat; sonstige von Lena S. getragene Nebenkosten 150 € je Monat; Kosten fielen auch von Januar bis August 13 bei Leerstand mit Vermietungsabsicht an). Das Public-Viewing wird im Herbst 2013 zur Champions-League getestet. Bei Umsätzen von 52.500 € und Material- und Personalaufwendungen von 44.000 € (die oben genannten [Personal- und Miet-] Aufwendungen wurden hier noch nicht abgezogen) ergeben sich in der Erprobungsphase Verluste. Aus der vorläufigen handelsrechtlichen GuV (vom 1.7.–31.12.2013) ergibt sich – nach Aktivierung des Geschmackmusters (20.000 €) – bei der KG unter Berücksichtigung der genannten Daten ein vorläufiger (handelsrechtlicher) Jahresverlust (vor Ertragsteuern und Rückstellungen) von 25.000 €.

Marco R. hat neben diesen Einkünften im Jahr 2013 und 2014 noch Vermietungseinkünfte von einem Mietshaus (Privatvermögen) in Höhe von jährlich 80.000 €.

Lena S. kauft am 1.1.2014 insgesamt 40 % der Kommanditanteile von Marco R. für 16.000 € sowie 40 % der GmbH-Anteile für 12.000 €. Die Preise sind angemessen. Der Mehrpreis der Anteile bei der KG – im Vergleich zum Buchwert des Kapitalkontos – entfällt zur Hälfte auf die Chance des eingetragenen DESIGNs (Geschmacksmusters) im Rahmen der Fußballweltmeisterschaft 2014; der Rest ist nicht konkret zuordenbar. Die Gewinn- und Verlustbeteiligung von Lena S. an der Public Viewing GmbH & Co. KG beträgt ab dem Kauf der Anteile 40 %. Lena S. erhält als Geschäftsführerin vom 1.1.14 bis zum 31.12.14 ein (angemessenes) Gehalt von 120.000 € (10.000 € monatlich). Die Miete für die Halle beträgt vom 1.1.14 bis zum 31.12.14 unverändert 2.000 €/Monat, wobei die Finanzierungsaufwendungen und sonstigen Kosten in unveränderter Höhe von Lena R. direkt getragen werden. Das Geschäftsführergehalt von Marco R. beträgt im Jahr 2014 monatlich 10.000 €. Da die GmbH & Co. KG im Jahr 2013 ein Rumpfwirtschaftsjahr hatte, ist im Jahr 2014 das Wirtschaftsjahr das Kalenderjahr. Das Jahresergebnis der KG soll – wegen Lenas Song zur WM und wegen des sagenhaften Juliwetters – vor Abzug der Sondervergütungen (nach einer vollständigen außerplanmäßigen Abschreibung auf das Geschmacksmuster wegen dauerhafter Wertminderung in der Handelsbilanz auf 0 €) 350.000 € betragen. Die Haftungsvergütung für die Komplementär-GmbH, die ihr Geschäftsjahr ebenfalls zum 1.1.2014 umstellt, beträgt für das das gesamte Jahr 2014 insgesamt 3.000 €. Die Kommanditisten entnehmen keine Gewinne für das Jahr 2014.

Lena S. leitet als Inhaberin und Geschäftsführerin seit mehreren Jahren in Pforzheim erfolgreich die Lola-Design Bar. Ihr einkommensteuerliches Ergebnis und ihre gewerbesteuerliche Bemessungsgrundlage (jeweils vor Buchung der Ertragsteuern) betragen in den Wirtschaftsjahren 2013 und 2014 jeweils 100.000 €.

Am 1.1.15 bringt Lena S. ihre Lola Design Bar (beizulegender Wert = Teilwert 200.000 €, Buchwert 50.000 €; Differenz Geschäfts- und Firmenwert) in die Public Viewing GmbH & Co. KG zum beizulegenden Wert in die Handelsbilanz ein. Lena R. erhält als Kommanditistin eine Aufstockung des Kapitalkontos von 200.000 €. Am 1.1.15 bringt Lena R. die Design-Event-Halle in die Handelsbilanz der Public Viewing GmbH & Co. KG zum Zeitwert gegen eine entsprechende Erhöhung des Kapitalkontos ein. Marco R. stockt sein Kapitalkonto gegen Bareinlage um 570.000 € auf, so dass er unverändert einen Kapitalanteil von 60 % hält.

Fragen (Annahme Rechtslage 2014 für alle Jahre)

a) Ermitteln Sie den einkommensteuerlichen Gewinn/Verlust von Marco R. aus der KG für das Geschäftsjahr vom 1.7.2013 bis zum 31.12.2013! Erläutern Sie die Ermittlung der gewerbesteuerlichen Bemessungsgrundlage und berechnen Sie die Gewerbesteuer!

b) Ermitteln Sie die Summe der Einkünfte – unter Angabe der Höhe je Einkunftsart – von Marco R. und Lena S. für das Jahr 2013.

c) Welche ertragsteuerlichen Auswirkungen hat die Veräußerung der KG- und GmbH-Anteile an Lena S. bei Marco R.? Erläutern Sie die bilanzielle Darstellung bei Lena S.!

d) Erläutern Sie die ertragsteuerlichen Belastungen, die für die Haftungsvergütung des Jahres 2013 bei der Komplementär-GmbH und bei anschließender Ausschüttung beim Gesellschafter im Jahr 2014 entstehen!

e) Ermitteln Sie – unter der Annahme der Steuerminimierung und der Ausschüttung unter d) – die Summe der Einkünfte (unter Angabe der Höhe der einzelnen Einkunftsarten) von Marco R. und Lena S. für das Jahr 2014!

f) Welche Wahlmöglichkeiten bestehen für Lena S. im Rahmen der Einbringung der Lola-Design Bar und der Halle? Welche Alternative wählen Sie, wenn Lena S. im Jahr 2015 möglichst wenig Steuern zahlen will? Stellen Sie die Einbringungen in entsprechenden Bilanzen dar! Erläutern Sie die ertragsteuerlichen Folgen in den Folgejahren!

Lösungshinweise zu Aufgabe 23

a)

Gewerbesteuerpflicht § 2 Abs. 1 GewStG

Ermittlung des vorläufigen Jahresverlustes 2013 (1.7.–31.12.2013) in €

Umsatzerlöse:	52.500
./. Material-und Personalaufwendungen	– 44.000
./. Haftungsvergütung	– 1.500
./. Miete an Lena S.	– 8.000
./. Gehalt Lena S.	– 20.000
./. Gehalt Marco R.	– 24.000
+ Aktivierung des (eingetragenen) DESIGNS	+ 20.000
Angegebener (vorläufiger) Verlust der KG:	– 25.000
./. Aktivierungsverbot Geschmacksmuster nach § 5 Abs. 2 EStG für Anlagevermögen	– 20.000
Steuerbilanzieller Verlust der Gesellschaft (KG)	– 45.000

Anwendung § 15a EStG (gilt nicht für GewSt nach R 7.1. Abs. 3 GewStR, u. U. strittig)*

Einkommensteuerliches Ergebnis der Gesellschaft	– 45.000
Sondervergütungen:	
+ Gehalt Marco R.	+ 24.000
+ Haftungsvergütung	+ 1.500
Gewerbeertrag (kein Freibetrag, da negativ)	– 19.500

* In 2013 sind die erzielten Verluste bis zur Höhe der Kommanditeinlage ausgleichsfähig. Die Ergebnisse aus der Sonderbilanz von Marco R werden in die Ermittlung des ausgleichsfähigen Verlusts nicht einbezogen.

Noch verrechenbar zukünftig:

Marco Kapitalkonto: 20.000 ./. 45.000 = ./. 25.000 (neg. Kapitalkonto)

b)

Marco R.

§ 15: Gewinnanteil: – 25.000 – 20.000 (§ 5 Abs. 2 EStG) = – 45.000

Aber nur ausgleichsfähig:	– 20.000
(wegen § 15a EStG)	
§ 15 Gehalt als Sondervergütung:	24.000
§ 21 VuV:	80.000
Summe der Einkünfte	84.000
Noch verrechenbar zukünftig: 25.000	

Lena S.

§ 15 Lola Design Bar		100.000
§ 19 Lola Public Viewing	20.000	
./. WK-Pauschbetrag	1.000	
		19.000
§ 21 VuV	8.000	
Abziehbare Werbungskosten für das ganze Jahr		
Zinsen	9.000	
Verwaltungskosten	1.800	
AfA (2 % von 100.000)	2.000	
Negative Einkünfte § 21		– 4.800
Summe der Einkünfte		114.200

c)

Marco R.

Veräußerung 40 % der KG-Anteile, kein § 16 EStG,	
da Teilanteil	
Erlös KG-Anteil	16.000
40 % neg. Kapitalkonto	./.(– 10.000)
Zwischensumme	26.000
aber 40 % – bezogen auf veräußerte Anteile –	
nicht verrechenbarer Verlust nach 15a EStG (aus Vorjahr)	– 10.000
Veräußerungsgewinn (aber § 15 EStG)	16.000
GmbH-Anteile § 15, da Sonderbetriebsvermögen II	
(keine Abgeltungsteuer)	

Teileinkünfteverfahren
Gewinn: (12.000 ./.10.000) = 2.000
            2.000 x 0,6 = 1.200

Lena S.

Vermietung von Lena → Sonderbetriebsvermögen I (AfA 3 %)
→ Einlagewert in SBV:
150.000 (§ 6 Abs. 1 Nr. 5) für Gebäude;
30.000 für Grund und Boden
Einlage kein Fall des § 23 wegen Abs. 1 Satz 5 EStG

Kapitalkonto Lena in KG: – 10.000

Positive Ergänzungsbilanz: 26.000 Mehrkapital,
davon 13.000 Chance aus dem DESIGN
Rest: 13.000 Geschäfts- und Firmenwert

Ergänzungsbilanz Lena S. 1.1.2014

Mehrwert Chance DESIGN	13.000	Mehrkapital	26.000
Geschäfts- und Firmenwert	13.000		

d)

Haftungsvergütung unterliegt bei GmbH der KSt (15 %) + SolZ
Keine GewSt bei GmbH, da bei KG Sondervergütung,
Kürzung nach § 9 Nr. 2 GewStG

Ausschüttung von 1.500 (ohne SolZ):
1.500 – 225 (KSt) = 1.275

Einkünfte nach Teileinkünfteverfahren, da Sonderbetriebsvermögen II
(§ 20 Abs. 8 EStG): 1.275 x 0,6 = 765

Marco R.: 765 x 60 % = 459
Lena S.: 765 x 40 % = 306

e)

Steuerbilanzieller Gewinn der KG (Gesellschaft) in 2014:

Vorläufiges Jahresergebnis	350.000
außerplanmäßige Abschreibung DESIGN, (da steuerlich nicht aktiviert)	+ 20.000
GF-Gehälter	– 240.000
Miete	– 24.000
Haftungsvergütung	– 3.000
	103.000

Marco R.

§ 15 EStG: Gewinnanteil (60 % von 103.000)	61.800
§ 15a – verrechenbarer Verlust 2013:	– 15.000
GF-Gehalt	120.000
Gewinn – KG-Anteile (siehe c)	16.000
Gewinn – GmbH-Anteile (siehe c)	1.200
+ Ausschüttung SBV II – GmbH-Anteile 60 %	459
§ 21 EStG	80.000
Summe der Einkünfte Marco	**264.459**

Lena S.

§ 15 Gewinnanteil (40 % von 103.000)	41.200
Abschreibung Ergänzungsbilanz Chance Design (voll)	– 13.000
Geschäfts- und Firmenwert (15 Jahre, § 7 Abs. 1 Satz 3 EStG)	– 867
GF-Gehalt	120.000
Lola Design Bar	100.000
Miete (24.000 ./. 9.000 ./. 1.800 ./. 4.200 [AfA 3 %])	9.000
+ Ausschüttung SBV II – GmbH-Anteil 40 %	306
Summe der Einkünfte Lena S.	**256.639**

Anmerkung (Rechtslage 2014):

Seit dem JStG 2010 ist die AfA-BMG (§ 7 Abs. 1 Satz 5 EStG) bei Einlage zum Teilwert nach diesem abzüglich bereits in Anspruch genommener Abschreibung zu bemessen (Beck-StE 1/§ 7/8).
(BMG: 150.000 ./. 10.000 (5 Jahre à 2 % von 100.000) = 140.000
→ 140.000 x 3 % = 4.200

f)

Lola Design Bar

§ 24 UmwStG: Einbringung eines Betriebs

Wahlrecht Buchwert – Zwischenwert – Teilwert

Einbringung in Gesellschaft zum Teilwert mit negativer Ergänzungsbilanz

Ergänzungsbilanz Lena S. 1.1.2015

Minderkapital 150.000	Minderwert GuF 150.000

Folgejahre Erträge aus Auflösung des GuF: 1/15 = 10.000 €

Einbringung Halle vom SBV ins Gesamthandsvermögen

Zwingende Buchwertverknüpfung nach § 6 Abs. 5 Satz 3 Nr. 2 EStG

Einbringung in Gesellschaftsbilanz zu 180.000 €

(150.0000 € Gebäude und 30.000 € Grund und Boden) mit negativer Ergänzungsbilanz 4.200 €

Ergänzungsbilanz Lena S. 1.1.2015

Minderkapital 4.200	Minderwert Gebäude 4.200

Ertrag jährlich 3 % von 4.200: 126 €

24 Einzelunternehmen – Betriebsaufspaltung*

Bearbeitungszeit: 60 Minuten

Aufgabe zum Kapitel 8.2 im Steuern *kompakt*

Schwierigkeitsgrad: hoch (Hauptstudium Bachelor, Schwerpunkt Steuern oder Masterstudium)

Stichworte/Inhalte

Einkommensteuer; Gewerbesteuer; Körperschaftsteuer

Einzelunternehmen, Einbringung, Betriebsaufspaltung, personelle Verflechtung, sachliche Verflechtung, Besitzunternehmen, Vermietung, Betriebskapitalgesellschaft, verdeckte Gewinnausschüttung, Teileinkünfteverfahren.

Sachverhalt

Hubert Maier (geboren am 28. Juni 1977) ist nicht verheiratet und wohnt in Stuttgart. Hubert Maier betreibt seit 1990 eine Nähmaschinenfabrik (Einzelunternehmen)) in Stuttgart (gewerbesteuerlicher Hebesatz: 400 %). Das Wirtschaftsjahr der Nähmaschinenfabrik entspricht dem Kalenderjahr. Zum 31. Dezember 2013 wird die nachfolgende, nicht zu beanstandende Handelsbilanz für die Nähmaschinenfabrik aufgestellt:

Handelsbilanz			
31. Dezember 2013			
Aktiva	**€**	**Passiva**	**€**
Grund und Boden Fadenstr. 9	180.000	Kapital	770.000
Gebäude Fadenstraße 9	380.000		
Beteiligung Stricknadel-GmbH	10.000		
Beteiligung Stricknadel-GmbH + Co.KG	50.000		
Betriebs- und Geschäftsausstattung	120.000		
Waren	30.000		
Summe Aktiva	**770.000**	**Summe Passiva**	**770.000**

---

* Für die Überlassung dieser Klausuraufgabe danke ich meiner Kollegin **StB Prof. Dr. Sabine Aßmann**, Hochschule Pforzheim.

Zum 1. Januar 2014 veräußert Hubert Maier das gesamte Aktivvermögen der Nähmaschinenfabrik mit Ausnahme des Grundstücks (Grund und Boden und Gebäude) Fadenstraße 9 an die zum 1. Januar 2014 neu gegründete Maier GmbH (M-GmbH) mit Sitz in Stuttgart (gewerbesteuerlicher Hebesatz: 400 %). Der fremdübliche Gesamtkaufpreis für das übertragene Aktivvermögen beträgt 310.000 €. Davon entfallen 12.000 € auf die Beteiligung an der Stricknadel-GmbH.

Da die M-GmbH das Grundstück Fadenstraße 9 für eigene Produktionszwecke benötigt, vermietet Hubert Maier das Grundstück ab dem 1. Januar 2014 an die M-GmbH. Die monatlichen Mietzahlungen betragen 2.000 € und sind bei der M-GmbH als Aufwand gebucht. Hubert Maier entstehen monatliche Aufwendungen für Grundsteuer und Hausmeisterservice in Höhe von 500 €. Die Anschaffungskosten des Grund und Bodens betrugen 180.000 €, die Anschaffungskosten des Gebäudes (Bauantrag 1. Januar 1990) betrugen 380.000 €.

Alleingesellschafter und Geschäftsführer der M-GmbH ist Hubert Maier. Das Wirtschaftsjahr der M-GmbH entspricht dem Kalenderjahr. Für seine Geschäftsführertätigkeit erhält Hubert Maier in 2014 eine Vergütung in Höhe von 200.000 €. Einem fremden Dritten hätte die M-GmbH nur 150.000 € an Gehalt bezahlt.

Die M-GmbH weist für den Zeitraum vom 1. Januar 2014 bis 31. Dezember 2014 einen vorläufigen handelsrechtlichen Jahresüberschuss vor Steuern in Höhe von 100.000 € aus. Das Geschäftsführergehalt an Hubert Maier in Höhe von 200.000 € ist hierin als Aufwand enthalten. Abschreibungen auf das Gebäude Fadenstraße 9 wurden in der Handelsbilanz der M-GmbH nicht gebucht. Hubert Maier ist wirksam vom Selbstkontrahierungsverbot (§ 181 BGB) befreit.

Fragen

a) Ermitteln Sie die Summe der Einkünfte 2014 für Hubert Maier. Wenden Sie hierbei den Rechtsstand für den Veranlagungszeitraum 2014 (aktueller Rechtsstand) an. Gehen Sie davon aus, dass Hubert Maier außer den im Sachverhalt geschilderten Einkünften keine weiteren steuerbaren Einkünfte bezogen hat.

b) Ermitteln Sie die zu zahlende Körperschaftsteuer und Gewerbesteuer 2014 der M-GmbH. Wenden Sie hierbei den Rechtsstand für den Veranlagungszeitraum 2014 (aktueller Rechtsstand) an. Der Solidaritätszuschlag, die Kapitalertragsteuer und die Kirchensteuer sind aus Vereinfachungsgründen zu vernachlässigen.

Lösungshinweise zu Aufgabe 24

a)

Ermittlung der Einkünfte nach § 15 EStG:

Übertragung des Betriebs auf die M-GmbH

Es liegt **keine Betriebsaufgabe** (§ 16 EStG) vor, da nicht sämtliche wesentliche Betriebsgrundlagen veräußert bzw. in das Privatvermögen überführt werden.

Betriebsaufspaltung, da **sachliche Verflechtung** (Grundstück ist als Produktionsgrundstück wesentliche Betriebsgrundlage) und **personelle Verflechtung** (Hubert Maier ist an beiden Gesellschaften zu 100 % beteiligt) vorliegen.

Folgen der Betriebsaufspaltung: Hubert Maier erzielt aus der Vermietung des Grundstücks weiterhin **Einkünfte nach § 15 EStG**. Das Grundstück bleibt im **Betriebsvermögen** der Nähmaschinenfabrik (Einzelunternehmen), daher kommt es nicht zu einer Aufdeckung von stillen Reserven des Grundstücks.

Die **Anteile an der M-GmbH** befinden sich im **notwendigen Betriebsvermögen des Besitzunternehmens** (Nähmaschinenfabrik).

Der Veräußerungsgewinn gehört zu den laufenden Einkünften nach § 15 EStG aus der Nähmaschinenfabrik.

Ermittlung der Einkünfte nach § 15 EStG aus Nähmaschinenfabrik:

Veräußerungsgewinn aus Übertragung des Aktivvermögens (in €):

Veräußerungspreis:	310.000
Abzüglich steuerliche Buchwerte des übertragenen Vermögens:	– 210.000
Gewinn	100.000
davon entfallen 2.000 € auf Beteiligung an Stricknadel-GmbH: Dieser Gewinn (2.000 €) unterliegt dem TEV, § 3 Nr. 40a) EStG, d. h. steuerfrei sind 40 % = 800 €	– 800
Steuerpflichtiger Gewinn	**99.200**

„Vermietungseinkünfte":

Mieteinnahmen: 2.000 x 12 Monate =	24.000
Aufwendungen: 500 x 12 Monate =	– 6.000
AfA Gebäude: 3 % (Betriebsvermögen)	
von 380.000 = 11.400	– 11.400
Summe	**6.600**

Überhöhter Teil des Geschäftsführer-Gehalts ist verdeckte Gewinnausschüttung (vGA) und somit Bestandteil der Einkünfte nach § 15 EStG des Besitzunternehmens, da sich die Anteile an M-GmbH im Betriebsvermögen des Besitzunternehmens befinden.

Überhöhter Teil: 50.000 €;
Anwendung des Teileinkünfteverfahrens,
§ 3 Nr. 40a) EStG, d. h. steuerpflichtig sind 60 % =   **30.000**

Einkünfte nach § 15 EStG des Besitzunternehmens	**135.800**

Einkünfte nach § 19 EStG (angemessener Teil GF-Gehalt):

Gehalt:	150.000	
AN-Pauschbetrag, § 9a EStG:	– 1.000	
Einkünfte nach § 19 EStG:		**149.000**
Summe der Einkünfte 2014		**284.800**

b)

Berechnung der zu zahlenden Körperschaftsteuer und Gewerbesteuer 2014: M-GmbH ist nach § 1 KStG und nach § 2 Abs. 2 GewStG (kraft Rechtsform) körperschaftsteuer- und gewerbesteuerpflichtig.

Handelsrechtlicher Jahresüberschuss:	100.000
+ vGA (überhöhter Teil des Geschäftsführer-Gehalts, § 8 Abs. 2 KStG)	50.000

Abschreibungen der Gebäude Fadenstraße 9 sind beim Besitzunternehmen erfasst, d. h. bei der M-GmbH ist die AfA zutreffend nicht gebucht.

Steuerlicher Gewinn der GmbH 2014:	**150.000**

KSt (15 %) = 150.000 € x 15 % = **22.500 €**

Es ist keine Kürzung nach § 9 Nr. 1 GewStG vorzunehmen, da das Grundstück sich im Betriebsvermögen des Besitzunternehmens befindet.

GewSt: 150.000 € x 3,5 % x 4 = **21.000 €**

25 Ertragsteuern anhand von kleinen Fragen und Aufgaben*

Bearbeitungszeit: 60 Minuten

Schwierigkeitsgrad: leicht bis mittel (Bachelor Wirtschaft und Wirtschaftsingenieurwesen, Basisstudium)

Stichworte/Inhalte:

Einkommensteuer; Gewerbesteuer; Körperschaftsteuer

Progressionsvorbehalt , Privatvermögen, Betriebsvermögen, AfA, verdeckte Gewinnausschüttung, Verlustrücktrag , Verlustvortrag, Rechtsformvergleich.

Aufgabe 1 (4 Minuten):

Was verstehen Sie unter einer verdeckten Gewinnausschüttung? Nennen Sie 2 Beispiele!

Aufgabe 2 (6 Minuten):

Was verstehen Sie unter dem Progressionsvorbehalt? Zeigen Sie anhand eines selbstgewählten Beispiels, welche steuerlichen Folgen aus dem Progressionsvorbehalt resultieren!

Aufgabe 3 (6 Minuten):

Wie sind Veräußerungen von Wirtschaftsgütern, die im Privatvermögen gehalten werden, steuerlich zu behandeln?

Aufgabe 4 (4 Minuten):

Welche Formen der stillen Gesellschaft kennen Sie und wie werden die unterschiedlichen Formen einkommensteuerlich behandelt?

Aufgabe 5 (12 Minuten):

Ein bilanzierender Gewerbetreibender erzielt einen Umsatz von 1.200.000 €. Seine Betriebsausgaben betragen 850.000 €. Der Steuerpflichtige erwirbt am 2. 1. des Jahres ein Grundstück mit aufstehendem Gebäude.

---

* Herrn **Prof Dr. Klaus Brockmeyer**, Technische Universität Cottbus, danke ich für die für die Überlassung der (geringfügig modifizierten) Klausur sehr.

Die Anschaffungskosten des Gebäudes betragen 500.000 €. Für den Grund und Boden werden 300.000 € aufgewendet. Das Gebäude hat eine Nutzfläche von 600 qm.

Das Gebäude wird wie folgt genutzt:

– Eigene gewerbliche Nutzung 250 qm

– Eigene Wohnung 150 qm

– Vermietetes Ladenlokal 200 qm: Miete 12.000 € p.a.

In dem Jahr betrugen die laufenden Kosten einschließlich nicht verrechenbarer Vorsteuer 4.500 €. Ein Antrag gem. § 9 UStG wurde nicht gestellt.

Die jährlichen Gebäudeabschreibungen sollen nach § 7 Abs. 4 EStG vorgenommen werden (angenommenes Erwerbsjahr 2010).

Welche steuerlichen Bilanzierungsmöglichkeiten hat der Gewerbetreibende bezüglich des Gebäudes, wenn gewillkürtes Betriebsvermögen zulässigerweise gebildet werden kann? Wie wirkt sich dieses auf die Einkommensteuererklärung des Gewerbetreibenden aus?

Aufgabe 6 (6 Minuten):

Welche Grundintention verfolgt der Gesetzgeber mit dem Verlustabzug gem. § 10d EStG? Gehen Sie insbesondere auf den Begriff Totalgewinn ein.

Aufgabe 7 (12 Minuten):

Porschefreund Lothar A. und der neureiche Willy B. sind zu je 50 % an einer OHG beteiligt. Der bilanziell ermittelte Gewinn der OHG beträgt 510.000 €. Lothar A. bezog eine Geschäftsführervergütung von monatlich 10.000 €. Für ein Gesellschafterdarlehen erhielt er Zinsen in Höhe von 20.000 € p.a. ausgezahlt und kassierte Miete für ein im Privatvermögen befindliches Gebäude in Höhe von monatlich 4.000 €. Das Grundstück hatte er im Jahr 2008 für 1,2 Mio. €, davon 1 Mio. € für das Gebäude erworben. Bei der OHG wurden noch keine Buchungen für das Grundstück und Gebäude vorgenommen (die Grundsteuer ist zu vernachlässigen). Die Geschäftsführervergütung, die Zinsen und die Mietzahlungen wurden in der Buchführung der OHG als Aufwand gebucht.

Aufgabe 7a: Wie hoch ist der Gewinn der OHG?

Aufgabe 7b: Welche Einkünfte müssen Lothar A. und Willy B. jeweils in ihrer Einkommensteuererklärung deklarieren?

Aufgabe 8 (10 Minuten):

Unterstellen wir, dass es sich bei dem Unternehmen aus Aufgabe 7 um eine GmbH handelt. Alle weiteren Angaben bleiben identisch. Die Möglichkeit einer Betriebsaufspaltung wird ausgeschlossen.

Aufgabe 8a: Wie hoch ist in diesem Fall der Gewinn der GmbH?

Aufgabe 8b: Welche Einkünfte müssen die Gesellschafter in diesem Fall im Rahmen der Einkommensteuererklärung deklarieren? Dabei ist davon auszugehen, dass die GmbH den Gewinn voll thesauriert.

Aufgabe 8c: Wie hoch ist die Körperschaftsteuerbelastung der GmbH?

Lösungshinweise zu Aufgabe 25

Aufgabe 1 (Siehe hierzu: „Steuern kompakt" – Kapitel 6.2.4)

§ 8 Abs. 3 KStG i. V. m. R 36 KStR

Eine verdeckte Gewinnausschüttung ist eine

– Vermögensminderung oder verhinderte Vermögensmehrung

– durch das Gesellschaftsverhältnis veranlasst

– hat Auswirkungen auf die Höhe des Einkommens

– beruht nicht auf einem den gesellschaftsrechtlichen Vorschriften entsprechenden Gewinnverteilungsbeschluss

→ Eine vGA darf das Einkommen **nicht mindern** !

Beispiel für eine **Vermögensminderung**: Ein Gesellschafter erhält für seine Geschäftsführertätigkeit ein unangemessen hohes Gehalt, z. B. 200.000 €. Ein fremder Geschäftsführer erhält für dieselbe Tätigkeit lediglich ein Gehalt von 150.000 €. → vGA i. H. v. 50.000 €.

Beispiel für eine **verhinderte Vermögensmehrung**: Ein Gesellschafter mietet von seiner GmbH eine Wohnung für monatlich 700 €. Um dem Fremdvergleich standzuhalten würde jedoch eine monatliche Miete von 900 € anfallen. → vGA i. H. v. 200 €/Monat (die GmbH verzichtet auf monatliche Einnahmen, hierdurch wird eine Vermögensmehrung verhindert).

Aufgabe 2 (Siehe hierzu: Steuern *kompakt* – Kapitel 4.3.3)

Ein lediger Steuerpflichtiger hat Einkünfte aus nichtselbstständiger Arbeit i. H. v. 40.000 €. Im selben Veranlagungszeitraum bezog er Arbeitslosengeld i. H. v. 15.000 €.

	€
Arbeitslohn	40.000
./. Arbeitnehmer-PB (§ 9a Satz 1 Nr. 1 EStG)	– 1.000
= Summe der Einkünfte (hier = **z. v. E.**)	**39.000**

§ 32b Abs. 2 EStG:

z. v. E. (§ 32a EStG)	39.000
+ Arbeitslosengeld (§ 32b Abs. 1 Nr. 1a EStG)	15.000
= Basis für den Grundtarif	54.000

1. auf der Basis von 54.000 € wird der fiktive Steuersatz gem. der Tabelle aus § 32a EStG ermittelt

2. dieser fiktive Steuersatz wird auf das tatsächlich zu versteuernde Einkommen (39.000 €) angewendet

→ Aufgrund der Progression wird ein höherer Steuersatz zum Ansatz gebracht, folglich kommt es zu einer höheren Steuerbelastung.

→ Das Arbeitslosengeld selbst bleibt steuerfrei.

(Folgende Berechnung ist nach der Aufgabenstellung nicht notwendig:

Berechnung des fiktiven Steuersatzes:	€
Einkommensteuer laut Tarif:	14.441
Durchschnittlicher Steuersatz: $\frac{14.441 \times 100}{54.000}$ 26,74 %	54.000
Tatsächlich zu versteuerndes Einkommen	39.000

Ermittlung der Einkommensteuerschuld:

39.000 x 26,74 % =	**10.428,60**

Das zu versteuernde Einkommen i. H. v. 39.000 € unterliegt einer tariflichen Einkommensteuer von 8.581 €. Es ergibt sich eine Differenz gegenüber der tatsächlich zu bezahlenden Einkommensteuer i. H. v. 1.847,60 €.)

Aufgabe 3

→ Gewinne aus der Veräußerung von Gegenständen des Privatvermögens sind grundsätzlich steuerfrei.

→ **Ausnahmen:**

- **§ 23 EStG:** private Veräußerungsgeschäfte, differenziert nach Grundstücken (steuerpflichtig i. d. R. innerhalb der Spekulationsfrist von 10 Jahren) und anderen Wirtschaftsgütern (steuerpflichtig i. d. R. innerhalb der Spekulationsfrist von 1 Jahr)

- **§ 17 EStG:** Veräußerung von Anteilen an Kapitalgesellschaften

- **§ 20 Abs. 2 EStG:** im Rahmen der Einkünfte aus Kapitalvermögen Altfälle von Anteilen an Kapitalgesellschaften (z. B. GmbH, AG) unter 1 % Beteiligung (Erwerb vor 2009): steuerfrei nach § 23 EStG a. F. i. V. m. § 52a Abs. 10 EStG

Aufgabe 4 (Siehe hierzu: „Steuern *kompakt*" – Kapitel 4.5.2.4)

typisch stille Gesellschaft § 20 EStG; gewerbesteuerliche Hinzurechnung nach § 8 Nr. 1c GewStG (i. d. R. zu 25 %)

atypisch stille Gesellschaft § 15 EStG (Mitunternehmerschaft); (voll) gewerbesteuerpflichtig!

Aufgabe 5

1) Fall ohne gewillkürtes BV

	€
Einkünfte gem. § 15 EStG	
Umsatz	1.200.000
./. BA § 4 Abs. 4 EStG	850.000
= **Zwischensumme**	**350.000**
./. AfA eigenbetrieblicher Gebäudeteil	
Gem. § 7 Abs. 4 Nr. 1 EStG	
(250qm/600qm x 500.000 x 3 %)	– 6.250
./. anteilige laufende Kosten	
(250qm/600qm x 4.500)	– 1.875
= **Einkünfte § 15 EStG**	**341.875**

	€
Einkünfte gem. § 21 EStG	
Miete	12.000,00
./. AfA gem. § 7 Abs. 4 Nr. 2 EStG	
(200qm/600qm x 500.000 x 2 %)	– 3.333,33
./. laufende Kosten	
(200qm/600qm x 4.500)	– 1.500,00
= **Einkünfte § 21 EStG**	**7.166,67**

Steuererklärung:	
§ 15 EStG	341.875,00
+ § 21 EStG	7.166,67
= **Summe**	**349.041,67**

Fall mit gewillkürtem BV

§ 15 EStG (Umsatz-BA)	350.000
+ § 21 EStG Miete	12.000
= **Zwischensumme**	**362.000**
./. AfA gem. § 7 Abs. 4 Nr. 1 EStG	– 11.250
((250qm + 200qm)/600qm x 500.000 x 3 %)	
./. laufende Kosten	– 3.375
((250qm + 200qm)/600qm x 4.500)	
= **Einkünfte § 15 EStG**	**347.375**

Einkünfte § 21 EStG	**0**

Hinweis: Die Summe der steuerpflichtigen Einkünfte aus § 15 und § 21 EStG (Fall ohne gewillkürtes BV) ist wegen des unterschiedlichen AfA-Satzes nicht identisch mit den Einkünften nur aus § 15 EStG (mit gewillkürtem BV).

Eine Prüfung, ob R 4.2 Abs. 8 EStR anwendbar sein könnte, kommt zu einem negativen Ergebnis.

Aufgabe 6 (Siehe hierzu: „Steuern kompakt" – Kapitel 4.9)

Der Steuerpflichtige soll grundsätzlich nach seiner Leistungsfähigkeit besteuert werden. Theoretisch müsste dementsprechend sein Lebenseinkommen besteuert werden. Da dies nicht praktikabel ist, wurde die jahresbezogene Abschnittsbesteuerung eingeführt. Sofern Jahre mit positiven und negativen Einkünften auftreten, würde eine überproportionale Besteuerung eintreten. Dieses wird durch den Verlustrücktrag und den Verlustvortrag nach § 10d EStG abgemildert.

Unter dem Totalgewinn versteht man den Gewinn über die gesamte Lebensdauer eines Unternehmens. Dieser ist indes nur zu bestimmen, wenn das Unternehmen eine von vornherein begrenzte Lebensdauer hat. In diesem Fall könnte man den Gewinn mit reinen Zahlungsgrößen bestimmen.

Aufgabe 7

a)

		€
Vorläufiger Gewinn der OHG		510.000
Sonderbetriebseinnahmen Lothar:		
+ Geschäftsführervergütung	120.000	
+ Zinsen	20.000	
+ Miete	48.000	
./. Sonderbetriebsausgaben – AfA		
(3 % von 1.000.000; § 7 Abs. 4 Nr. 1 EStG)	– 30.000	
		158.000
= Einkommensteuerlicher Gesamtgewinn der OHG		**668.000**

b)

Gewinnverteilung		
Lothar A: Gewinnanteil (50 %)		255.000
Sonderbetriebseinnahmen – Gehalt	120.000	
Zinsen	20.000	
Miete	48.000	
./. Sonderbetriebsausgaben – AfA	– 30.000	
		158.000
= Summe		**413.000**

Einkünfte § 15 EStG

– Lothar A:	**413.000**
– Willy B:	**255.000**

Aufgabe 8

a)

Körperschaftliche Bemessungsgrundlage:

510.000 € (die erfassten Aufwandsbuchungen sind bei der Kapitalgesellschaft korrekt)

b)

Einkünfte bei den Gesellschaftern:

Lothar A:

§ 19 EStG	€
GF-Gehalt	120.000
./. AN-Pauschbetrag gem. § 9a Satz 1 Nr. 1 EStG	– 1.000
= Einkünfte nach § 19 EStG	**119.000**

§ 20 EStG	
Zinsen (kein TEV !)	20.000
./. Sparer-Pauschbetrag gem. § 20 Abs. 9 EStG	– 801
= Einkünfte nach § 20 EStG	**19.199**

Hierauf Abgeltungsteuer (25 %)

→ nicht in Summe der Einkünfte nach § 2 Abs. 5b EStG oder
    bei Antrag gem. § 32d Abs. 2 Nr. 3 EStG in Summe der Einkünfte

§ 21 EStG	
Einnahmen:	48.000
./. Werbungskosten:	
AfA (2 % von 1.000.000 gem. § 7 Abs. 4 Nr. 2 EStG)	– 20.000
= Einkünfte nach § 21 EStG	**28.000**

Willy B: 0 (da keine Ausschüttung)

c)

§ 23 KStG: **Körperschaftsteuer** = 510.000 x 15 % = **76.500**.

26 Verfahrensrecht*

Bearbeitungszeit: 60 Minuten

Schwierigkeitsniveau: mittel bis hoch, Bachelor Hauptstudium
(Schwerpunkt Steuern), Jura, Master

Stichworte/Inhalte

Steuergeheimnis, vorherige Anhörung, Einspruch, Fristberechnung, Wiedereinsetzung in den vorigen Stand, Korrekturnormen, steuerliche Nebenleistungen, Steuerstrafrecht.

Sachverhalt

Georg Seifried (S), der in Karlsruhe wohnhaft ist, wurde der Einkommensteuerbescheid für das Kalenderjahr 2012 im April 2013 bekannt gegeben. Dabei wurden die Einkünfte entsprechend der Steuererklärung angesetzt.

Im Juli 13 erfuhr der zuständige Sachbearbeiter des Finanzamts Karlsruhe Stadt durch eine Kontrollmitteilung der Betriebsprüfungsstelle des Finanzamts Mannheim, dass S im Kalenderjahr 12 nebenberuflich Vermittlungsprovisionen von einer Versicherung mit Sitz in Mannheim in Höhe von 9.400 € erhalten haben soll. S hatte diese Einnahmen in seiner Steuererklärung nicht angegeben.

Das Finanzamt ändert daraufhin den Einkommensteuerbescheid 12, unter Ansatz der Provisionen von 9.400 € als Einkünfte aus Gewerbebetrieb. Es ergab sich eine Nachzahlung für die Einkommensteuer einschließlich Solidaritätszuschlag von 4.165 €, die einen Monat nach Bekanntgabe des geänderten Steuerbescheids fällig gestellt wurde (vgl. § 36 Abs. 4 EStG). Der geänderte Einkommensteuerbescheid 2012, der nicht unter Vorbehalt der Nachprüfung ergangen war, wird vom Sachbearbeiter am 26.07.13 zur Post gegeben und einen Tag später bei S in den Briefkasten geworfen.

S wurde vor Erlass des geänderten Steuerbescheids nicht angehört; allerdings konnte S den Berechnungen und zusätzlichen Erläuterungen im Steuerbescheid entnehmen, warum die Änderung erfolgt ist.

S beabsichtigte zunächst die Steuernachzahlung fristgerecht zu entrichten, bis er einige Zeit später am Stammtisch der 2. Fußballmannschaft von sei-

---

* Die vorliegende Aufgabe zum Verfahrensrecht wurde von meinem Kollegen **StB Prof. Markus Mink**, Hochschule Pforzheim, verfasst. Für die Überlassung der Aufgabe danke ich ihm sehr.

nen Steuersünden erzählte und dabei von einem Mitspieler, einem Steuerstudenten der Hochschule Pforzheim, erfuhr, dass in seinem Fall das Finanzamt auch seine Aufwendungen in Zusammenhang mit den Provisionen als Betriebsausgaben berücksichtigen müsse. S hatte in Zusammenhang mit den Provisionen im Kalenderjahr 12 unstreitig Betriebsausgaben (z. B. Fahrtkosten und Arbeitsmittel) von insgesamt 2.400 €.

S legte deswegen am 31.08.13 per E-Mail Einspruch gegen den geänderten Steuerbescheid ein und beantragte dabei, die Betriebsausgaben von 2.400 € zu berücksichtigen. Die entsprechenden Nachweise übermittelte S dem Finanzamt auf dem Postwege.

Am 16.09.13 erhielt S eine Mahnung des Finanzamts. Darin wurde S aufgefordert, umgehend 4.165 € an Einkommensteuer und Solidaritätszuschlag, sowie 83 € Säumniszuschläge zu bezahlen.

Fragen:

a) War die Verwertung der Mitteilung des Finanzamtes Mannheim durch das Finanzamt Karlsruhe zulässig?

b) Durfte das Finanzamt den Einkommensteuerbescheid für das Kalenderjahr 2012 nachträglich ändern?

c) Ist der Einspruch des S gegen den Einkommensteuerbescheid 2012 ordnungsgemäß und fristgerecht erfolgt?

d) Wie wird das Finanzamt den Einspruch bescheiden?

e) Wird S mit seinem Vorbringen – unabhängig von der Einspruchsentscheidung – Erfolg haben?

f) Ist die Mahnung des Finanzamts mit den genannten Beträgen gerechtfertigt?

g) Muss S mit einem Steuerstrafverfahren rechnen?

Lösungshinweise zu Aufgabe 26

a)

Das Steuergeheimnis nach § 30 AO gilt auch innerhalb der Finanzverwaltung. Hier ergibt sich aber eine Rechtfertigung für die Verwertung der Kontrollmitteilung aus §§ 30 Abs. 4 Nr. 1, 194 Abs. 3 AO (zur Durchführung eines Besteuerungsverfahrens).

b)

Nach § 124 AO wird ein Steuerbescheid mit dem bekannt gewordenen Inhalt wirksam und kann nur auf Grund einer Korrekturvorschrift geändert werden. Die entsprechende Korrekturvorschrift ist vorliegend § 173 Abs. 1 Nr. 1 AO. Ein Steuerbescheid ist danach aufzuheben oder zu ändern, wenn dem Finanzamt nachträglich Tatsachen bekannt werden, die zu einer höheren Steuer führen.

c)

Die Prüfung im Einspruchsverfahren ist zweigeteilt. Zunächst ist die Zulässigkeit eines Einspruchs und danach die Begründetheit zu prüfen. Ist ein Einspruch bereits unzulässig, kommt es auf die Begründetheit nicht mehr an, weil der Einspruch dann vom Finanzamt als unzulässig zu verwerfen ist (§ 358 AO).

Die Zulässigkeitsprüfung umfasst insbesondere die Statthaftigkeit, die Form und die Frist des Einspruchs.

Der Einspruch ist *statthaft*, weil es um einen Steuerverwaltungsakt geht; §§ 1, 118, 347 AO.

Form: Der Einspruch ist formgebunden. Neben der Schriftform und der Protokollierung beim Finanzamt kann der Einspruch inzwischen auch elektronisch eingelegt werden; § 357 Abs. 1 AO.

Frist: Der Einspruch ist nur innerhalb eines Monats nach Bekanntgabe möglich (§ 355 Abs. 1 AO). Als bekannt gegeben gilt der geänderte Steuerbescheid am 29.07.13 (Dreitagesfiktion des §§ 122 Abs. 2 Nr. 1 i. V. m. 108 Abs. 3 AO); auf den tatsächlichen Zugang am 27.07.13 kommt es nicht an.

Fristende war damit am 29.08.13.

Damit ist der Einspruch des S vom 31.08.13 nicht fristgerecht.

Möglicherweise kann die Verfristung durch eine Wiedereinsetzung in den vorigen Stand überwunden werden; § 110 AO.

Prüfung der Voraussetzungen für eine Wiedereinsetzung *in den vorigen Stand:*

Nach § 126 Abs. 3 AO wäre eine Wiedereinsetzung (ohne Verschuldensprüfung) möglich, wenn Anhörungsrechte des S verletzt worden wären. Das Finanzamt hätte S vor Erlass des geänderten Steuerbescheids anhören müssen, weil es sich um einen wesentlichen Sachverhalt handelt, der zur Änderung geführt hat; § 91 Abs. 1 AO. Dieser Verfahrensfehler der fehlenden vorherigen Anhörung wurde jedoch durch die spätere Begründung im Steuerbescheid geheilt; § 126 Abs. 1 Nr. 3 AO (s. auch AEAO zu § 91 Nr. 2 und Nr. 3 m. w. H.). Eine Wiedereinsetzung in den vorigen Stand ist damit nicht möglich.

d)

Der Einspruch des S wird vom Finanzamt als unzulässig verworfen nach § 358 AO.

e)

Das Finanzamt ist gehalten, den Antrag des S als Antrag zur Änderung wegen neuer Tatsachen (§ 173 Abs. 1 Nr. 2 AO) umzudeuten, nachdem der Einspruch offenbar unzulässig ist; vgl. § 89 Abs. 1 AO. Nach § 173 Abs. 1 Nr. 2 AO kann wegen neuer Tatsachen zu Gunsten des S der Steuerbescheid nachträglich geändert werden (Ansatz der Betriebsausgaben von 2.400 €), wenn bei S kein grobes Verschulden vorliegt.

Nach § 173 Abs. 1 Nr. 2 Satz 2 AO kommt es auf das grobe Verschulden beim Steuerpflichtigen nicht an, wenn die für S günstigen Tatsachen oder Beweismittel (hier die Betriebsausgaben) in einem unmittelbaren oder mittelbaren Zusammenhang mit den verschärfenden Änderungen nach § 173 Abs. 1 Nr. 1 AO stehen (hier Provisionseinnahmen) stehen. Verfahrensrechtlich ist jedoch eine Änderung zu Gunsten kraft Sachzusammenhangs gem. § 173 Abs. 1 Nr. 2 Satz 2 AO von der Primäränderung abhängig (Änderung zu Ungunsten). Das bedeutet, wenn die Primäränderung – wie im vorliegenden Fall- bereits bestandskräftig geworden ist, kommt eine Änderung kraft Sachzusammenhangs nicht mehr in Betracht. Eine solche Änderung wäre nur im zeitlichen Rahmen der Primäränderung möglich (Verfahrensökonomie).

In Betracht kommt darüber hinaus auch eine Änderung zu Gunsten des S nach § 177 Abs. 2 AO. Danach wären bei einer Primäränderung zu Ungunsten (hier Ansatz von Betriebseinnahmen) alle sonstigen materiellen Fehler (hier Abzug der Betriebsausgaben) zu berücksichtigen (begrenzt auf den Betrag der Primäränderung), ohne dass es auf einen unmittelbaren oder mittelbaren Zusammenhang ankommen würde.

Allerdings ist auch § 177 AO keine eigenständige Korrekturvorschrift und eine Änderung kommt nur im zeitlichen Rahmen der Primäränderung in Betracht. Weil die Primäränderung aber bereits bestandskräftig geworden ist, ist eine Mitberichtigung nach § 177 Abs. 2 AO ebenfalls nicht mehr möglich.

Somit wird S auch mit einer Umdeutung seines Einspruchs in Änderungsanträge nach §§ 173 Abs. 1, 177 Abs. 2 keinen Erfolg haben.

f)

Die Mahnung wegen der Einkommensteuer und Solidaritätszuschlag ist gerechtfertigt. Im Abgabenrecht hat ein Rechtsbehelf keine aufschiebende Wirkung (§ 361 Abs. 1 AO). Eine Aussetzung der Vollziehung nach § 361 Abs. 2 AO liegt nicht vor und wurde auch nicht beantragt (wäre wegen Unzulässigkeit des Einspruchs nicht möglich). Die Mahnung ist auch hinsichtlich der Säumniszuschläge gerechtfertigt, die kraft Gesetzes erhoben werden. Der Säumniszuschlag beträgt 2 % (= 1 % x 2 Monate) des auf 4.150 € abgerundeten Steuerbetrages; § 240 Abs. 1 AO.

g)

Der objektive Tatbestand der Steuerhinterziehung nach § 370 Abs. 1 Nr. 2 AO ist erfüllt, weil durch unterlassene Angaben in der Steuererklärung Steuern nicht rechtzeitig festgesetzt wurden. Darüber hinaus müsste S vorsätzlich gehandelt haben (subjektiver Tatbestand). Es genügt bedingter Vorsatz (Steuerverkürzung wird „billigend in Kauf genommen"). Nach der Rechtsprechung genügt bereits eine laienhafte Bewertung, dass durch einen Vorgang (z. B. Einnahmeerzielung) ein Steueranspruch existieren könnte. S muss deswegen mit großer Wahrscheinlichkeit mit der Einleitung eines Steuerstrafverfahrens rechnen (§ 397 Abs. 1 AO).

27 Einkommensteuer, Verfahrensrecht, Steuerstrafrecht*

Bearbeitungszeit: 45 Minuten

Schwierigkeitsniveau: leicht bis mittel (Basisstudium Bachelor, Jura)

Stichworte/Inhalte

Einkommensteuerrecht (EStG); Verfahrensrecht; Steuerstrafrecht; Abgabenordnung; Anwendungserlass zur Abgabenordnung (AEAO)

Steuerpflicht, Einkommensteuererklärung, keine Abgabe, Abgabefrist, Schätzung, Einkommensteuerbescheid, Bekanntgabe, Zahlungsaufforderung, Zwangsgeld, Einspruch, Klage Finanzgericht, Aussetzung der Vollziehung, Steuerstraftat, Steuerordnungswidrigkeit, Steuerliche Nebenleistungen; Vollstreckung, Stundung, Realsplitting, Häusliches Arbeitszimmer, Doppelte Haushaltsführung, Festsetzungsverjährung, Ehegatten-Veranlagungsformen.

Sachverhalt

Wilhelm Wichtig (WW/Ehemann), geb. am 20.11.1953, wohnhaft in 50858 Köln, Kutscher Str.61, geschieden seit 2005; neue Ehe in 2011 mit Emma Wichtig, geb. Schatterhand (EW/Ehefrau), geb. am 03.03.1961. Die Eheleute sind kinder- und konfessionslos. Der Solidaritätszuschlag wird nicht berücksichtigt.

Beruf WW: Selbstständiger Händler für antike Waren aller Art (auch „Flohmärkte"). Beruf EW: Lehrerin in Neuss am städtischen Quirinus-Gymnasium (keine Beamtin); Fächer deutsche Sprache, chinesische Sprache.

1) Für das Jahr 2014 ist WW „stocksauer" über Milliardenbeträge, die Deutschland in der EURO-Zone aufbringt („Schutzschirm aus Steuergeldern"). Er beschließt daher – mit Zustimmung seiner Ehefrau – erstmalig (zunächst) keine Einkommensteuererklärung abzugeben. Insoweit versucht er, die Abgabefrist durch entsprechende Anträge zu verlängern; dies gelingt ihm bis zum 28.02.2016. Die folgenden Aufforderungen des Finanzamtes ignoriert er. Eine Schätzung der Besteuerungsgrundla-

* Die vorliegende Aufgabe zum Verfahrensrecht wurde von **WP/StB Prof. Dr. Georg Arians,** Hochschule Anhalt (FH), verfasst. Für die Überlassung danke ich ihm sehr. Bei der Bearbeitung soll zur Vorbereitung ggf. ein ergänzendes Lehrbuch zum Verfahrensrecht herangezogen werden. Hinweise: Rose/Watrin: Abgabenordnung, 5.Aufl., 2012 (Lehrbuch); Warsönke: Abgabenordnung leicht gemacht; 2007 (Einstieg anhand von Fallbeispielen); Webel, AO, 2009 (Grundzüge); grundlegend Tipke/Lang: Steuerrecht, 21.Aufl., 2013, insbes. S.1047–1178 (Seer).

gen ergibt für den Veranlagungszeitraum 2014 Einkünfte aus Gewerbebetrieb (§ 15 EStG) 30.000,00 €; EW Einkünfte aus nichtselbstständiger Arbeit (§ 19 EStG) 45.000,00 € und ein z. v. E. i. H. v. 52.000,00 € bei Zusammenveranlagung der Ehegatten (Hinweis: § 2 Abs. 5 EStG; §§ 25–28 EStG).

2) Der Einkommensteuerbescheid 2014 wird 2016 (ordnungsgemäß) bekanntgegeben, verbunden mit einer Zahlungsaufforderung.

3) WW heiratete in 12/2011 die Tochter eines Gastwirtes aus Köln-Nippes. Die neue Ehefrau EW ist als Lehrerin tätig (siehe oben). Ihr Wohnsitz ist seit 2011 Köln (Wohnung WW). Nach 2 Unfällen auf dem Weg zur Arbeit (A 57) mietet sie in Neuss ein Appartement, wo sie während der Woche wohnt (Anschrift: Tückingstr. 7).

4) Der bekannt gegebene Einkommensteuerbescheid 2014 ist adressiert an WW + EW. Vor Ablauf der Festsetzungsverjährung beauftragen die Eheleute Wichtig ihren Steuerberater Superschlau, möglichen steuerlichen Sachverhalt zu prüfen und zu bearbeiten.

Fragen

a) Welche steuerrechtlichen Möglichkeiten hat das Finanzamt Köln-West (Wohnsitz-Finanzamt), die Besteuerungsgrundlagen zu ermitteln?

b) Wozu ist WW berechtigt ggf. verpflichtet, wenn bei überschläger Berechnung sich ein geringeres/höheres z. v. E. ergibt als bei der Schätzung? Prüfen Sie den Sachverhalt auch im Hinblick auf Aspekte des Steuerstraf-/Steuerordnungswidrigkeitenrechts!

c) (Mögliches) Vorgehen des Finanzamtes bei abschließendem Einvernehmen? Alternativ: es kann kein Einvernehmen hergestellt werden?

d) Realsplitting mit geschiedener Ehefrau?

e) Häusliches Arbeitszimmer für EW? Doppelte Haushaltsführung für EW?

f) Wann tritt Festsetzungsverjährung ein?

g) Welche Veranlagungsformen können WW + EW wählen?

Bei allen Fragestellungen keine Berechnungen entwickeln.

Lösungshinweise zu Aufgabe 27

Steuerpflicht: WW + EW sind im Veranlagungszeitraum 2014 unbeschränkt steuerpflichtig (Hinweis § 1 Abs. 1 EStG); Wohnsitz im Inland (Hinweis § 8 AO).

a)

Die (gesetzliche) Frist für die Abgabe der Einkommensteuererklärung 2014 endet am 31.05.2015 (Hinweis § 149 Abs. 2 AO). Gem. § 109 Abs. 1 AO können Fristen zur Einreichung von Steuererklärungen verlängert werden. Für nicht von einem Steuerberater vertretene Steuerpflichtige auf Antrag bis zum 30.09.2015 ohne besondere Anforderungen an die Begründung. Darüber hinaus soll Fristverlängerung in der Regel nur auf begründetem Antrag gewährt werden. Lt. Sachverhalt ist den Eheleuten Wichtig eine Fristverlängerung bis zum 28.02.2016 gewährt worden.

Nach Ablauf dieser Frist kann das Finanzamt Zwangsmittel einsetzen, das angemessene ist hier das Zwangsgeld (Hinweis §§ 328, 329 AO). Gem. § 332 AO muss das Zwangsgeld zunächst angedroht werden, und zwar in bestimmter Höhe (§ 332 Abs. 2 Satz 3 AO). Wird die Verpflichtung innerhalb einer angemessenen Frist nicht erfüllt, setzt die Finanzbehörde das Zwangsgeld fest (§§ 332 Abs. 1 Satz 3, 333 AO). Eine erneute Androhung und Festsetzung ist zulässig (§ 332 Abs. 3 AO).

Da Wichtig nicht reagiert, hat die Finanzbehörde die Besteuerungsgrundlagen zu schätzen. Dabei sind alle Umstände zu berücksichtigen, die für eine Schätzung von Bedeutung sind (Hinweis § 162 AO). Lt. Sachverhalt beträgt das z.v.E. 2014 52.000,00 € (bei Zusammenveranlagung der Ehegatten).

b)

Ergibt sich mit überschlägiger Berechnung ein real geringeres z.v.E. als im Rahmen der Schätzung, hat WW die Möglichkeit, Einspruch einzulegen und ggf. Klage beim FG Köln einzureichen (Hinweis §§ 347, 355, 357, 367 AO, § 44 FGO). Es sollte zusätzlich ein Antrag auf Aussetzung der Vollziehung gestellt werden (§ 361 AO).

Errechnet sich das reale z.v.E. (wesentlich) höher als das geschätzte, ist es ratsam, Berichtigung zu beantragen (Hinweis §§ 153 Abs. 1, 172 Abs. 1, 173 AO) und die vollständige Einkommensteuererklärung 2014 einzureichen. Weiterhin sollte geprüft werden, ob eine Steuerstraftat oder Steuerordnungswidrigkeit vorliegen könnte (Hinweis §§ 369, 370, 377, 378 AO). Bei vorsätzlichem Handeln ist ggf. der Tatbestand der Steuerhinterziehung erfüllt, da die ESt 2014 zumindest nicht rechtzeitig festgesetzt wird (Hinweis § 370 Abs. 4 AO); schon der Versuch ist strafbar (§ 370 Abs. 2 AO). Gem. § 378 AO handelt ordnungswidrig, wer eine der in § 370 Abs. 1 AO bezeichneten Taten leichtfertig begeht (Hinweis § 378 Abs. 1 AO). Zu prüfen bleibt noch die Festsetzung von steuerlichen Nebenleistungen gem. § 3 Abs. 4 AO: Verspätungszuschläge (§ 152 AO), Zinsen (§§ 233, 233a, 235, 237–239 AO), Säumniszuschläge (§ 240 AO).

c)

Der Einkommensteuerbescheid 2014 wird in 2016 (ordnungsgemäß) bekanntgegeben, verbunden mit einer Zahlungsaufforderung. Lt. Sachverhalt legt WW weder Einspruch ein, noch reagiert er in anderer Weise. Insoweit wird der Fall – i. d. R. nach einer (letzten) Mahnung – im Finanzamt an die Vollstreckungsstelle gegeben, die entsprechende Maßnahmen erwägt. Wichtig könnte versuchen, den zwangsweisen Einzug der rückständigen Steuern zu verhindern, indem er Vollstreckungsaufschub (§ 258 AO), ersatzweise Stundung (§ 222 AO), ggf. Ratenzahlung beantragt; es wird im Ergebnis Einvernehmen mit der Finanzbehörde hergestellt.

Alternativ: Wichtig und die Sachbearbeiter des Finanzamtes einigen sich nicht (kein Einvernehmen); darauf muss die Finanzbehörde reagieren mit Maßnahmen des zwangsweisen Steuereinzugs u. a. Kontenpfändung, Lohnpfändung, Forderungspfändung, Vollstreckung in das bewegliche Vermögen (Pfandsiegel/„Kuckuck"), Zwangshypothek; auch dinglicher/persönlicher Arrest möglich (ausführlich §§ 249–346 AO).

Zusätzlich zu den bereits genannten steuerlichen Nebenleistungen können noch entstehen Kosten im Vollstreckungsverfahren (§§ 337–346 AO).

d)

Realsplitting mit geschiedener Ehefrau; Hinweis § 10 Abs. 1 Nr. 1 i.V.m. § 22 Nr. 1a EStG.

e)

Arbeitszimmer für EW ist darstellbar. Hinweis § 4 Abs. 5 Nr. 6b i.V.m. § 9 Abs. 5 EStG: kein anderer Arbeitsplatz (Lehrerin (!); Höchstbetrag 1.250,00 €; vgl. BFH-Urteil vom 26.02.2014, VI R 11/12; BFH/NV 2014, S. 1264 f. (zur Verfügung gestellter Arbeitsplatz objektiv nicht nutzbar; aussagekräftige Bescheinigung des Arbeitgebers ist notwendig). Doppelte Haushaltsführung ebenfalls darstellbar. Hinweis § 9 Abs. 1 Nr. 5 EStG („eigener Hausstand", Wohnung am Ort der ersten Tätigkeitsstätte).

f)

Festsetzungsverjährung Veranlagungszeitraum 2014. Festsetzungsfrist gem. § 169 Abs. 2 Nr. 2 AO grundsätzlich 4 Jahre; 10 Jahre, soweit Steuer hinterzogen, und 5 Jahre, soweit sie leichtfertig verkürzt worden ist. Beginn der Frist mit Ablauf das Kalenderjahres, in dem die Steuer entstanden ist (§ 170 Abs. 1 AO); abweichend gem. § 170 Abs. 2 AO, spätestens jedoch mit Ablauf des dritten Kalenderjahres, das auf das Kalenderjahr folgt, in dem die Steuer entstanden ist (keine Steuererklärung, 31.12.2017); wenn Steuererklärung eingereicht mit Ablauf des Kalenderjahres, in dem eingereicht wird. Hinweis § 171 AO („Ablaufhemmung").

g)

Veranlagungsformen: §§ 25–28 EStG. Gem. § 26 Abs. 1 EStG Wahlrecht zwischen Einzelveranlagung (§ 26a EStG) und Zusammenveranlagung (§ 26b EStG). Ehegatten werden einzeln veranlagt, wenn einer der Ehegatten die Einzelveranlagung wählt. Ehegatten werden zusammen veranlagt, wenn beide diese Veranlagungsart wählen (§ 26 Abs. 2 EStG). Änderung während des laufenden Besteuerungsverfahrens möglich. Bei Zusammenveranlagung gem. § 32a Abs. 5 EStG Splitting-Verfahren. Hinweis ESt-Splittingtabelle 2014.

28 Einkommensteuer, Verfahrensrecht, FGO, Steuerstrafrecht*

Bearbeitungszeit: 60 Minuten

Schwierigkeitsniveau: mittel (Bachelor, Jura)

Stichworte/Inhalte

Einkommensteuerrecht (EStG); Verfahrensrecht; Steuerstrafrecht; Abgabenordnung; FGO; Anwendungserlass zur AO (AEAO).

Einkommensteuer, Arbeitnehmer, Werbungskosten, Fahrten Wohnung und erste Tätigkeitsstätte, Arbeitsmittel, GWG, Fortbildung, Bewirtungskosten, Verwarnungsgeld, Erpressungsgeld, Kontogebühren, Vermietung; „Riestervertrag", Einkünfte aus Kapitalvermögen, Kapitalanlagen „Schweiz", „Schwarzgeld", Selbstanzeige, Steuerhinterziehung, ehrenamtliche Finanzrichterin.

Sachverhalt

Hermann Müller (HM/Ehemann), geb. am 24.11.1962, + Klara Müller (KM/Ehefrau), geb. am 01.05.1966, wohnhaft in 50859 Köln, Willy-Volksschauspieler-Str. 11; verheiratet seit 1995. Die Eheleute sind kinder- und konfessionslos. Der Solidaritätszuschlag wird nicht berücksichtigt.

1. Die nachfolgend genannten einkommensteuerrechtlichen Sachverhalte sind im Rahmen der ESt-Veranlagung 2014 zu prüfen!

    HM ist seit 01.01.2006 beschäftigt bei der Wirtschaftskammer Köln als Angestellter (Abteilung Rechnungswesen). Sein Gehalt beträgt brutto 4.500 € pro Monat für 12 Monate im Jahr, insoweit zahlt die Arbeitgeberin kein „Weihnachtsgeld" (13. Gehalt). Sozialabgaben werden nicht berücksichtigt. Die Wirtschaftskammer Köln ist eine Körperschaft des öffentlichen Rechts.

---

* Die vorliegende Aufgabe zum Verfahrensrecht wurde von **WP/StB Prof. Dr. Georg Arians**, Hochschule Anhalt (FH) verfasst. Für die Überlassung danke ich ihm sehr. Bei der Bearbeitung soll zur Vorbereitung ggf. ein ergänzendes Lehrbuch zum Verfahrensrecht, Steuerstrafrecht herangezogen werden. Hinweise: Siehe Aufgabe 27. Zusätzlich zum Steuerstrafrecht: Joecks: Praxis des Steuerstrafrechts, 2013; Rolletschke: Steuerstrafrecht, 4. Aufl., 2012 (Lehrbuch); Stahl: Selbstanzeige, 3. Aufl., 2011; Warsönke: Steuerstrafrecht leicht gemacht, 2. Aufl., 2009 (Einstieg anhand von Fallbeispielen); Woring: Finanzgerichtsordnung (60 praktische Fälle), 2002; grundlegend Tipke/Lang: Steuerrecht, 21. Aufl. 2013, insbes. S.1047–1308 (Seer).

Folgende Ausgaben möchte HM als **Werbungskosten** in seiner Einkommensteuererklärung 2014 geltend machen. Hinweis §§ 9, 9a EStG:

a) Fahrten zwischen Wohnung und erster Tätigkeitsstätte für 220 Tage;
    Hin- und Rückfahrt jeweils 20,5 km/Tag. Die kürzeste Strecke beträgt
    16 km/Tag; alternativ erreicht er bei Ansatz der 20,5 km-Strecke
    schneller seine erste Tätigkeitsstätte.

b) Arbeitsmittel: GWG (Schreibtischstuhl AK 100,00 €/Schreibtischlampe
    AK 50,00 €, jeweils ohne Vorsteuer); Schreibtisch AK 500,00 € (Nut-
    zungsdauer: 5 Jahre); PC gebraucht (AK per 10.01.2014 = 1.800,00 €;
    ohne USt, da von Privatperson erworben; betriebsgewöhnliche ND
    3 Jahre).

c) Am 28. und 29.11.2014 nimmt HM in Köln-Deutz (Köln Messe) an ei-
    ner beruflichen Fortbildungstagung teil; die Tagungsgebühr beträgt für
    beide Tage 1.000,00 € einschließlich 19 % USt; Mahlzeiten/sonstige
    Versorgung (Kaltgetränke, Kaffee, Gebäck) sind enthalten. Da er in
    Köln wohnt, benötigt er kein Hotel zur Übernachtung. Den Tagungsort
    erreicht er jeweils in folgender(Fahr-)Konstellation:

28.11.2014: Wohnung/Bahnhof Köln Messe Deutz   km   15,0

Taxi/Messe Nord Halle 8 (Beleg 1: 7,15 €);

Kosten Garderobe (Beleg 2: 2,00 €);

Bus-Shuttle/Bahnhof Köln Messe Deutz   km   3,0

Taxi/Innenstadt (Brauhaus Spät, Beleg 3: 7,00 €)/   km   12,0
Wohnung

29.11.2014: Wohnung/Messe Nord Halle 8   km   18,0

(Kneipe)/Messe Nord Halle 8/Wohnung   km   18,0
(öffentliche Verkehrsmittel/Bus-Shuttle/Fußweg).

Im Brauhaus (28.11.2014) bewirtet HM 2 Teilnehmer an der Tagung,
welche Mitarbeiter einer Mitgliedsfirma sind (ordnungsmäßige Bewir-
tungsquittung 80,25 €).

Nach Ende der Tagung (29.11.2014, 17.30 Uhr) geht er mit diesen
„Berufskollegen" in eine Kneipe unmittelbar neben dem Messegebäu-
de, wo sie insgesamt 30 „Kölsch" trinken. Auch hier übernimmt HM
großzügig die Zeche. Für die gesamten Ausgaben zahlt der Arbeitgeber
keinen Zuschuss, geschweige denn, dass er die Kosten übernimmt.

d) An 3 Tagen im Veranlagungszeitraum 2014 musste HM ein Verwarnungsgeld zahlen. Er hatte außendienstliche Termine bei der Computerfirma, deren Software er einsetzt. Da hier Pünktlichkeit gefragt war, parkte er kurzerhand im (absoluten) Halteverbot; es gab keine andere Parkmöglichkeit. Hierfür wurde jeweils Verwarnungsgeld („Knöllchen") festgesetzt.

e) HM hatte eine kurze (Liebes-)Affäre (04–07/2014) mit einer in seiner Abteilung tätigen Praktikantin der Hochschule Anhalt (FH) (Lola Monti). Als er diese beendete, verlangte Lola „Schweigegeld" i. H. v. 6.000,00 €, welches er zähneknirschend in 6 (gleichen) Raten zahlte.

f) Bei den Kontogebühren (Kontoführungsgebühren) erscheint ihm die Pauschale von 16,00 € zu niedrig; er will die tatsächlichen Kosten ansetzen.

2. HM hat mit Wirkung 01.01.2010 einen „Riestervertrag" abgeschlossen (Rentenversicherung). Zum 01.01. 2014 verfügt sein Arbeitgeber die Umstellung des Arbeitsvertrages in eine „beamtenähnliche Fassung"; die Bezüge gelten nunmehr als „inländische Besoldung" (Hinweis § 10a Abs.1 Nr.3 EStG). Frage: Besteht für HM Handlungsbedarf?

3. Der Steuerpflichtige unterhält bei der Kölner Bank eG ein Aktiendepot. Für das Jahr 2013 wurden ihm in 2014 Erträge i. H. v. 937,50 € (nach Abzug der Kapitalertragsteuer) gutgeschrieben; der Sparer-Pauschbetrag ist nicht zu berücksichtigen (Hinweis § 20 Abs. 9 EStG). § 20 Abs. 8 EStG liegt nicht vor. HM hat einen Antrag gem. § 32d Abs. 6 EStG formuliert (Eintrag in die ESt-Erklärung 2014). Für die Anwendung von § 32d Abs. 2 Nr. 3 EStG fehlen die Voraussetzungen (Teileinkünfteverfahren gem. § 3 Nr. 40d) EStG bei Dividendenzahlung).

4.1. Vor Jahren hat HM bei einer Schweizer Bank in Genf ein (Nummern-) Konto eröffnet, auf das er regelmäßig in den Veranlagungszeiträumen 2008–2014 nicht versteuerte Einnahmen („Schwarzgeld" !) überweist; diese resultieren aus einer (genehmigten) Nebentätigkeit als Unternehmensberater (§§ 18 Abs. 1 Nr. 1, 4 Abs. 3 EStG). Die aus seinen Kapitalanlagen in den genannten Zeiträumen gutgeschriebenen Zinsen gibt HM in den deutschen Einkommensteuererklärungen nicht an (jeweils Zusammenveranlagung mit seiner Ehefrau, §§ 25–28 EStG; die rechtliche Position der Ehefrau ist nicht zu behandeln). In der Schweiz wird keine Kapitalertragsteuer einbehalten.

Aufgrund der aktuellen Situation (Finanzverwaltung, Ankauf von Bankdaten) möchte Müller sein Geld aus der Schweiz abziehen und in Deutschland anlegen. Gleichzeitig hat er den persönlichen Wunsch (ständig „schlechtes Gewissen"; "Angstneurosen"), seine Angelegenheiten mit den deutschen Finanzbehörden (Finanzamt Köln-West) zu regeln. Wie ihm bei einem Beratungsgespräch mit seinem Steuerberater Dr. Manfred Pingelig bekannt wird, ist für die Steuerstraftaten Verfolgungsverjährung noch nicht eingetreten.

4.2. Sachverhalt alternativ wie 4.1., allerdings will HM die „Schwarzeinnahmen" nicht dem Finanzamt offenbaren, sondern er behauptet, dass er das in der Schweiz angelegte Geld aufgrund eines Lottogewinns bezogen hat. Die Kapitalerträge aus der Schweiz wurden in Deutschland ordnungsgemäß versteuert.

Frage: Ist ihm jeweils eine Selbstanzeige (§ 371 AO) zu raten?

5. Klara Müller (KM) ist angestellte Mitarbeiterin bei einer Steuerberatungsgesellschaft in Bonn (Steuerfachwirtin). Insoweit bezieht sie Einkünfte aus nichtselbstständiger Arbeit gem. § 19 EStG (Sozialversicherungspflicht). Ebenfalls mit Wirkung 01.01.2010 hat auch KM einen „Riestervertrag" abgeschlossen.

6. Die Eheleute Müller haben vor 3 Jahren ein 2-Familienhaus erworben (in 50859 Köln). Von den gleich großen Wohnungen (beide jeweils 100 qm Wohnfläche) ist eine vermietet (Obergeschoss); die Wohnung im Erdgeschoss nutzen die Eheleute selber. Bei dieser ergeben sich in 2014 (abziehbare) Handwerkerrechnungen.

   Mieterin ist die Schwiegermutter von Hermann, Frau Bärbel Speichel. Die ortsübliche (Kalt-)Miete für vergleichbare Objekte beträgt 10 €/qm. Frau Speichel zahlt nach zähen Verhandlungen monatlich 700,00 € plus Nebenkosten (geschätzt 120,00 €). Die AK des Hauses betrugen im Monat 07/2011 250.000,00 €; davon entfielen auf den GuB 50.000,00 €. Die Nebenkosten (u. a. GrESt, Notar, Grundbuch, Makler) betragen 10.000,00 €.

   Beschreiben Sie die steuerliche Situation 2014!

7. Mit Schreiben vom 26.10.2014 wurde KM von der IHK Köln als ehrenamtliche Finanzrichterin vorgeschlagen (Finanzgericht Köln/Amtsperiode 2016–2020). Sie möchte wissen, ob sie eine Berufung ggf. annehmen kann?

Aufgabe

Bearbeiten Sie die dargestellten Sachverhalte entsprechend den genannten Aufgabenstellungen. Berechnungen sind nur zu entwickeln im Hinblick auf die jeweiligen Einzeltatbestände.

Lösungshinweise zu Aufgabe 28

Steuerpflicht: HM + KM sind im Veranlagungszeitraum 2014 unbeschränkt steuerpflichtig (Hinweis § 1 Abs. 1 EStG); Wohnsitz im Inland (Hinweis § 8 AO).

1.

HM ist Arbeitnehmer (Angestellter/inländische Besoldung) und bezieht Einkünfte aus nichtselbstständiger Arbeit (§ 19 Abs. 1 Nr. 1 EStG). In 2014 hat er Einnahmen i. H. v. 54.000,00 €. Die **Werbungskosten** lassen sich wie folgt darstellen:

a)

Gem. § 9 Abs. 1 Nr. 4 EStG sind Werbungskosten Aufwendungen des Arbeitnehmers für Wege zwischen Wohnung und erster Tätigkeitsstätte. Pro Arbeitstag kann er eine Pauschale von 0,30 € für jeden vollen Entfernungskilometer ansetzen, höchstens 4.500,00 € im Kalenderjahr. Ein höherer Betrag ist möglich bei Nutzung eines KfZ.

Die kürzeste Straßenverbindung soll maßgebend sein. Eine andere kann zugrunde gelegt werden, wenn diese offensichtlich verkehrsgünstiger ist und durchgängig benutzt wird; die Vorschrift stellt ab auf Zeitersparnis.

Durch die Pauschale sind sämtliche Aufwendungen abgegolten (§ 9 Abs. 2 EStG). Bei Benutzung öffentlicher Verkehrsmittel tatsächliche Aufwendungen möglich, soweit sie die Pauschale übersteigen. Berechnung: 220 Tage x 20 km/Tag x 0,30 € = 1.320,00 €.

b)

Arbeitsmittel gem. § 9 Abs. 1 Nr. 6 und Nr. 7 EStG. GWG (selbstständige Nutzung): § 6 Abs. 2 EStG bis 410,00 € (Schreibtischstuhl, Schreibtischlampe < 150,00 €) → 150 € Werbungskosten.

Schreibtisch AK 500,00 € (kein Sammelposten gem. § 6 Abs. 2a EStG, da in § 9 Abs. 1 Nr. 7 EStG kein Verweis auf § 6 Abs. 2a EStG), AfA 20 %/Jahr → 100 € Werbungskosten.

PC/3 Jahre; AK 1.800,00 €; AfA gem. § 7 Abs. 1 EStG, lineare AfA 600,00 €/Jahr, das entspricht 50,00 €/Monat (10.01.2014/AfA = 600,00 €).

c)

Fortbildungstagung (beruflich); Tagungsgebühren (einschließlich Versorgungskosten) 1.000,00 € Werbungskosten (Hinweis § 9 Abs. 1 Sätze 1 und 2 EStG).

Fahrtkosten: Tatsächliche Kosten Taxi 14,15 €; gefahrene km 66 (öffentliche Verkehrsmittel) x 0,30 € (siehe H 9.5. LStR) = 19,80 €; es können die tatsächlichen Kosten berücksichtigt werden, wenn sie die Pauschale übersteigen. Garderobe 2,00 €.

Kosten „Brauhaus", „Kneipe" haben privaten Hintergrund: (1) Kein Auftrag des Arbeitgebers; Hinweis § 3 Nr. 50 EStG. Aber: (2) Berufliche/geschäftliche Veranlassung, erfolgsabhängige Entlohnung „nur" indizielle Bedeutung. Auch bei festen Bezügen kann sich der berufliche Charakter aus anderen Umständen ergeben; Glaubhaftmachung; Nachweis notwendig. Werbungskostenabzug nur 70 % der Aufwendungen (Hinweis § 4 Abs. 5 Nr. 2 EStG, § 9 Abs. 5 EStG).

d)
Verwarnungsgeld, § 4 Abs. 5 Nr. 8 EStG, § 9 Abs. 5 EStG; berufliche Veranlassung, kein Werbungskostenabzug. Erstattung durch den Arbeitgeber kein steuerpflichtiger Arbeitslohn bei überwiegend eigenbetrieblichem Interesse (Hinweis § 3 Nr. 50 EStG; siehe dazu Schmidt, EStG, 33. Aufl., 2014, § 19 Tz. 100 „Verwarnungsgelder").

e)
Schweigegeld/Erpressungsgeld: Zahlungen sind keine Werbungskosten (Hinweis: Schmidt: EStG, 33. Aufl., 2014, § 33 Tz. 35 („Lösegeld"; auch „Erpressungsgeld"). Außergewöhnliche Belastung möglich (§ 33 EStG). Aber gezahltes Geld ist nicht abzugsfähig. Gem. BFH-Urteil vom 18.03.2004 (III R 31/02; BStBl. II 2004,S. 867) ist die Erpressung zwar außergewöhnlich und auch belastend; jedoch fehlt es an der Zwangsläufigkeit. HM hätte – nach Auffassung des BFH – die Erpressung dadurch vermeiden können, dass er die Erpresserin anzeigt oder seiner Ehefrau den Seitensprung gesteht (siehe auch H 33.1–33.4 EStR „Erpressungsgelder").

f)
Kontogebühren (Kontoführungsgebühren) 16,00 € pauschal Werbungskosten für die Gutschrift des Arbeitslohns (ohne Einzelnachweis; siehe u. a. Kirchhof, EStG, 13. Aufl. 2014, § 19 Rn. 79, S.1393 „Kontogebühren" (Eisgruber)). Die tatsächlichen Gebühren sind Werbungskosten, soweit sie durch Gutschriften von Einnahmen aus dem Dienstverhältnis und durch beruflich veranlasste Überweisungen entstehen (§ 9 EStG, H 9.1 LStR). Vergütungen des Arbeitgebers sind steuerpflichtiger Arbeitslohn (R 19.3 Abs. 3 LStR).

2.

Empfänger von „inländischer Besoldung" sind nur dann unmittelbar zulageberechtigt (Hinweis § 79 EStG), wenn sie gegenüber der zuständigen Besoldungsstelle (§ 81a Nr.3 EStG/Arbeitgeber) einwilligen, dass diese der ZfA (Zentrale Zulagestelle für Altersvermögen/Abteilung der Deutschen Rentenversicherung Bund (DRV-Bund)/§ 81 EStG) die für die Zulagenprüfung erforderlichen Daten zur Verfügung stellt. Die Einwilligung kann bis zum Ablauf des zweiten Jahres nach dem Beitragsjahr erteilt werden (2016/Hinweis § 10a Abs. 1 S. 1 EStG). Danach ist davon auszugehen, dass eine unmittelbare Zulagenberechtigung nicht mehr erlangt werden kann.

3.

KapESt: (937,50 € x 25/75) = 312,50 €
Bruttobetrag: 937,50 € x 100/75 = 1.250 €

Hinsichtlich der Besteuerung von Einkünften aus Kapitalvermögen (außer § 20 Abs. 8 EStG) hat der Steuerpflichtige zwei Möglichkeiten:

a)

Gem. § 32d Abs. 1 EStG pauschale ESt i.H. von 25 % (Kapitalertragsteuer/Abgeltungsteuer); bei der vorgegebenen Belastung von 312,50 € wurde der Sparer-Pauschbetrag i.H. von 801,00 €/1.602,00 lt. Sachverhalt nicht berücksichtigt (Hinweis § 20 Abs. 9 EStG). Besteuerung ist insoweit definitiv.

b)

Alternativ kann HM gem. § 32d Abs. 6 EStG beantragen, die Einkünfte aus Kapitalvermögen in seine ESt-Veranlagung 2014 aufzunehmen und der tariflichen ESt zu unterwerfen. Von Amts wegen wird ermittelt, ob dann die ESt-Belastung geringer ist (Günstigerprüfung).

4.1.

Die nicht versteuerten Einnahmen erfüllen den Tatbestand der Steuerhinterziehung (Vorsatz; §§ 369 Abs. 1 Nr.1, 370 Absätze 1, 2, 4, 7 AO). Bei den gutgeschriebenen Zinsen ist ebenfalls Steuerhinterziehung gegeben, da HM sie nicht in seine deutschen Steuererklärungen aufnimmt.

HM hat die Möglichkeit der Selbstanzeige gem. § 371 Absätze 1, 3 AO; insoweit kann er Straffreiheit erlangen. Die Verjährungsfrist für die Strafverfolgung beträgt im Falle der Steuerhinterziehung nach § 370 AO fünf Jahre, da im Höchstmaß eine Freiheitsstrafe bis zu fünf Jahren angedroht ist (§ 78 Abs. 3 Nr.4 StGB). Hinweis § 370 Abs. 3 i.V. m. § 376 Abs. 1 AO: bis zu 10 Jahren. Die Verjährung beginnt mit Beendigung der einzelnen Tat (§ 78a StGB). Eine Selbstanzeige ist für die genannten Jahre uneingeschränkt möglich. Hinweis allgemein: Stahl, Rudolf: Selbstanzeige, 3. Aufl. 2011. Entsprechend der Regelung in § 371 Abs. 3 AO wird das Verfahren abgeschlossen; HM ist dann nicht mehr im Steuerstrafrecht verstrickt.

4.2.

Lottogewinne sind nicht steuerbar (Hinweis: Schmidt, EStG, 33. Aufl., 2014, § 22 Tz. 150 „Spielgewinne"). Der Bezug ist vom Steuerpflichtigen glaubhaft darzulegen (mögliche Nachweise: Tippschein, gezogene Zahlenkonstellation, Gewinnnachricht, Gutschrift Bankkonto). Wenn dies gelingt, ist kein steuerstrafrechtlicher Tatbestand erfüllt. Hinsichtlich der nicht versteuerten Einnahmen Nebentätigkeit Unternehmensberater handelt es sich allerdings weiterhin um Steuerhinterziehung (siehe 4.1.); diese wird durch den Ansatz des Lottogewinns „verdeckt".

5.

Für KM besteht kein Handlungsbedarf in 2014, da ihr Arbeitsvertrag nicht umgestellt wurde und auch nicht werden kann (Hinweis § 10a Abs. 1 Satz 1 EStG).

6.

Im 2-Familienhaus wird eine Wohnung von den Eheleuten Müller selber genutzt. Hier kann Steuerermäßigung im Rahmen von § 35a EStG erlangt werden (abziehbare Handwerkerleistungen/Arbeitskosten/Rechnung/Konto des Erbringers der Leistung). 20 % der Aufwendungen, höchstens 1.200,00 €.

Die zweite Wohnung ist vermietet an Frau Bärbel Speichel (Hinweis § 15 AO: Angehörige). Gem. § 21 Abs. 2 EStG beträgt das Entgelt nicht weniger als 66 % der ortsüblichen Marktmiete (700,00 € = 70 %/1.000,00 €). Insoweit ist ein voller Werbungskostenabzug möglich. In diesem Rahmen beträgt die AfA im Veranlagungszeitraum 2014 (§ 7 Abs. 4 Nr. 2a EStG): AK Gebäude 200.000,00 € + Anschaffungsnebenkosten (80 % x 10.000,00 € = 8.000,00 €) = 208.000,00 € x 2 % = 4.160,00 €; davon ½ = 2.080,00 €.

7.

Vorschlag KM als ehrenamtliche Finanzrichterin beim Finanzgericht Köln (Amtsperiode 2016–2020); Hinweis §§ 17–20, 22 FGO. KM ist zwar Mitarbeiterin einer Steuerberatungsgesellschaft, sie gehört aber nicht zu den in § 19 Nr. 5 FGO genannten Berufsgruppen; auch die §§ 17, 18, 19 Nr. 1–4, 20 FGO beinhalten keinen Ablehnungsgrund. Somit kann sie sich zur Verfügung stellen.

Stichwortverzeichnis